변화와 비전을 창조하는

셀프 리더십론

SELF LEADERSHIP

인생은 도전이다

임붕영 저

백산출판사

변화와
비전을
창조하는

셀프 리더십론

임봉영 저

변화와 비전을 창조하는

셀프 리더십론

저자 / 임봉영

2006년 11월 5일 인 쇄
2006년 11월 10일 발 행

발행인 / 진욱상
발행처 / 백산출판사
등록번호 / 제 1-72 호
등록일자 / 1974년 1월 9일

ISBN 89-7739-920-3 93980

주소 / 서울특별시 성북구 정릉3동 653-40
전화 / 914-1621, 917-6240
FAX / 912-4438
edit@baek-san.com
www.baek-san.com

책 가격은 뒤표지에 있습니다.

| 머리말 |

“모든 일의 성패는 리더십에 달려있다”고 리더십의 대가인 존 맥스웰은 말한다. 리더십의 가치를 단적으로 말해주는 외침이 아닐 수 없다. 흔히 리더십의 부재라는 말을 자주 사용한다. 이것은 개인이나 가정, 조직, 사회, 국가를 경영하는 데 있어 모두 적용되는 말일 듯싶다. 그만큼 존 맥스웰의 지적처럼 모든 일의 성패는 그 조직의 리더인 리더십의 자질에 좌우된다고 볼 수 있기 때문이다. 추종자들이 리더를 따르는 것은 그 리더의 재주를 보고 따르는 것이 아니라 신뢰성 여부를 보고 따른다는 말도 있다. 그만큼 리더의 자질이 중요함을 일깨워주는 말이 아닐 수 없다. 결과적으로는 학력이나 학점, 출신배경에 의하여 일의 성패가 갈라지는 것이 아니라 따지고 보면 그 사람의 리더십에 의하여 모든 일의 성패가 좌우됨을 알 수 있다.

그래서 본서에서는 스스로 자신의 리더십을 향상시키고 나아가 차별화된 경쟁력을 갖추어 나가기 위한 조건으로서 무엇보다도 리더십개발이 중요함을 보고 여기에 초점을 맞추었다. 수많은 리더십 서적들이 하루가 멀다 하고 출간되고 있다. 따라서 본서는 차별성을 기하고 학습자 스스로 참여하여 분석하고 체크해 나갈 수 있도록 꾸몄다.

대학에서 리더십을 배우는 학생뿐 아니라 산업현장에서 리더십을 연구하고 교육·훈련하는 과정에 연수 자료로도 사용할 수 있도록 실용적으로 꾸미는 데 초점을 맞추었음을 밝혀둔다.

흔히 사회·경제 환경의 변화에 따라 리더십이 달라져야 함을 강조하는 사람들이 있다. 그러나 리더십의 본질은 변하지 않는다. 다만 사람만이 변해갈 뿐이다. 리더십이 달라져야 한다고 믿는 사람은 그저 주변 환경의 변화에 그때그때 순응하며 기회를 엿보는 처세가에 불과하다. 리더십은 원칙이다. 그것은 우리가 바꿀 수 있는 것이 아니다 . 그저 따르면 되는 것이다.

아무쪼록 본서가 독자들의 리더십 자질을 향상시키고 이를 바탕으로 개인의 삶이나 가정 ,직장, 사회에서 그 능력을 마음껏 발휘할 수 있는 기회를 만들어 나가기를 간절히 소망하는 바이다.

2006. 11.

저자 임 붕 영

변화와 비전을 창조하는

셀프 리더십론

SELF LEADERSHIP

| 차례 |

인생은 도전이다.

도전 없이는

성공도 실패도 없다.

당신은 당신이 오를 수 있는
유일한 나무다.
당신은 그 나무에 오를 때만
세상을 내려다 볼 수 있다.
당신은 당신만이 오를 수 있는
유일한 나무다.
당신은 그 나무에 오를 때만
열매를 딸 수 있다.
그 열매의 이름은 (   )이다.

단 계 별 과 정

제 1 단계 : Leading(리딩하기)

제 2 단계 : Energize(균형있는 삶)

제 3 단계 : Aiming(목표기르기)

제 4 단계 : Decision(결단력갖기)

제 5 단계 : Enthusiasm(열정 갖기)

제 6 단계 : Responsibility(책임감 기르기)

제 7 단계 : Self-Confidence(자신감 기르기)

제 8 단계 : Habit(습관 기르기)

제 9 단계 : Innovative thinking(혁신적인 사고하기)

제 10 단계 : People to People(인간관계 기르기)

단 계 별 세 부 내 용

단계	과정	세부내용
1단계	Leading	리더의 자질, 리더십 개발, 영향력의 향상기법, 사명서 작성, 리더가 되는 원칙, 리더십 SWOT 분석, 리더십 진단, 6가지 유형의 리더십 이해, 유능한 리더가 되는 길, 마음내재의 법칙
2단계	Energize	균형있는 삶, 동기부여, 리더십 구축, 리더십 점검, 스트레스 극복기법, 자아관리, 믿음의 법칙
3단계	Aiming	비전설정, 목표달성기법, 성공에 이르는 원칙, 성공 본뜨기, 목표의 중요성 깨닫기, 능력집중의 법칙, 핵심역량 강화기법
4단계	Decision	결단력 기르기, 변화의 법칙, 안전지대 넓히기, 리더십 벤치마킹, 패러다임 변화, 변화관리, 생각의 법칙
5단계	Enthusiasm	열정갖추기, 열정공약, 리더십을 향상시키는 질문법, 영향력을 증대시키는 원칙, 부자가 되는 원칙, 제왕의 리더십, 리더의 자기분석, 비움의 법칙
6단계	Responsibility	책임감 기르기, 주인의식 갖추기, 책임감을 증대시키는 원칙, 환경 극복 원칙, 사랑의 원칙, 리더십 개발
7단계	Self-Confidence	자신감 기르기, 자신감과 성공원리, 성공사례 발표, 자신을 극복하는 원칙, 잠재력 증대원칙, 자신감을 증대시키는 프레젠테이션, 목표를 쉽게 달성하는 원칙, NLP로 잠재능력 개발하기, 경제적 자유를 얻는 원칙
8단계	Habit	습관 길들이기, 나쁜 습관 부수기, 훌륭한 습관 기르는 원칙, 칭찬을 기르는 습관과 원칙, 이미지 개선습관, 칭찬 연습, 성공하는 사람들의 습관, 패러다임 깨기, 마음 경영, 리더십 벤치마킹
9단계	Innovative thought	혁신적인 사고, 긍정적 사고기법, 잠재능력기법, 긍정적 리더가 되는 원칙, 긍정문 사용하기, 긍정적 마음갖기, 인간 정신의 법칙, 변혁적인 리더의 길, 부정적 감정극복 원칙, 리더의 웃음학/유머학, 믿음 기르는 원칙, 리더십 진단
10단계	People to People	인간관계 원칙, 원만한 대인관계 향상 원칙, 설득의 법칙, 사랑의 리더십, 용서하기, 나의 고객찾기, 커뮤니케이션기법, 유연성 개발, 청취기법, 유머감각 살리기, 커뮤니케이션 리더십

1단계

리딩
(LEADING)하기

S·E·L·F L·E·A·D·E·R·S·H·I·P

첫째 주

리딩(Leading)하기

S·E·L·F L·E·A·D·E·R·S·H·I·P

훈련개요

리더는 타인을 이끄는 사람이다. 타인을 이끈다는 것은 영향력을 행사하는 일이다. 영향력을 행사하는 일은 리더십의 본질이다. 리더가 되기 위해서는 무엇보다도 자신에 대한 Self-Leadership을 발휘할 줄 알아야 한다. 자신을 관리하고 통제하는 능력이 곧 타인을 이끌어 내는 리더십의 출발이다.

치열한 경쟁환경에서 살아남기 위해서는 리더로서의 바람직한 조건과 자질을 갖추어 나가야 한다. 조직이든, 사회든, 국가든, 한 개인이든 성공과 실패, 번영과 퇴보는 곧 리더십의 문제이기 때문이다.

존 맥스웰은 모든 일의 성패는 리더십에 달려있다고 말한다. 성공과 실패의 차이는 학력이나 기술의 차이가 아니라 바로 리더십의 차이다. 이것은 개인이나, 조직사회, 국가 모두에게 해당하는 말이다. 그러므로 리더십은 모든 사람의 과업이다. 가정이나 조직에서 리더가 아닌 사람은 없기 때문이다.

목 적

- ○리더의 자질을 이해한다.
- ○바람직한 리더십의 조건을 익힌다.
  - • 자신의 리더십을 분석한다.
  - • 자신이 누구인지를 아는 것이 리더의 조건이다.

기대효과

- ○리더로서 영향력을 행사해 나가는 원칙과 성과중심의 Self-Leadership 개발에 주력한다.
- ○리더로서의 자신감과 비전을 갖고 목적하는 바를 얻을 수 있는 자질을 갖추게 한다.

Warming up

훈련에 들어가기에 앞서 관리와 리더십과의 관계와 의미를 되새겨보고, "나는 리더인가" 를 스스로 자문하면서 다음 질문에 간단히 답해 본다. 관리자는 많은데 리더가 부족하다는 것이 리더십을 연구하는 이유이다. 리더로 거듭나기 위해서는 자신이 관리자 역할을 하는 지 리더역할을 하는 지 스스로 분석할 줄 아는 데서부터 출발한다.

1. 나는 리더다. 그리고 나는 리더라고 자부한다.
   그 이유는
   1) ____________________
   2) ____________________
   3) ____________________

2. 리더로서 나의 특성은? 리더는 자신의 특성을 개발하고 차별화시켜 나간다. 나만의 특성화된 리더로서의 특성을 제시해 본다.
   1) ____________________
   2) ____________________
   3) ____________________

3. 리더로서 나의 비전은? 리더는 단지 앞서있는 사람이 아니다. 그는 앞장서서 길을 여는 사람이다. 다른 사람을 감동시킬 수 있는 나의 비전은 무엇인가 점검해 본다.
   1) ____________________
   2) ____________________
   3) ____________________

4. 리더로서 갖추어야 할 조건은? 리더는 스스로 끊임없이 학습하는 사람이다. 그가 처한 환경이 늘 변하고 새로운 도전이 기다리고 있기 때문이다. 게다가 나이가 많다거나 지위가 높다고 해서 저절로 리더가 되는 것은 아니다. 리더는 추종자를 감화시킬 수 있는 능력과 자질이 있어야 한다.
   1) ____________________
   2) ____________________
   3) ____________________

Service 장애물뛰어넘기

리더십을 발휘하는 데에는 크고 작은, 많은 문제들을 직면하는 과정을 거쳐야 한다. 리더십은 상황을 통제하고 사람을 이끄는 일이기 때문에 유동적이고 가변적인 변수들이 작용한다. 그러므로 리더는 남이 가지 않는 길을 갈 수 있는 용기와 도전의식이 있어야 한다. 그러므로 리더는 태어나는 것이 아니라 만들어진다고 볼 수 있다. 그 리더를 만드는 것은 그 누구도 아닌 오직 제 자신이다. 리더십을 발휘하는 데 큰 어려움은 무엇인지 제시해 보고 이를 극복할 수 있는 대안을 찾아본다.

⇓

리더십을 발휘하는 데의 장애요인	이를 극복 방안
①	①
②	②
③	③
④	④
⑤	⑤

자기 자신을 존중하면서 동시에 보다 높은 목적과 원칙들에 자신을 맞추 는 것이야말로 가장 고귀한 인간정신이며 효과적인 리더십의 초석이다.

- Stephen R. Covey

리더십 = 영향력이다

(Leadership = Influence)

▶ 리더십을 정의하기는 어렵다 .리더십을 가장 많이 연구하고 있는 미국에서만 그 정의가 무려 800여 개에 이른다고 한다. 이처럼 리더십의 정의가 다양한 것은 그 만큼 리더가 처한 환경이 다양하고 변화가 있기 때문이다. 그럼에도 불구하고 리더십은 한마디로 요약한다면 영향력을 행사하는 과정이라고 말하는데 부정할 사람은 없을 것이다. 리더란 추종자들에게 영향력을 행사하여 그 조직이 원하는 성과를 창출하기 위한 행위이기 때문이다. 그렇다면 영향력이란 무엇인가?

____

____

▶ 리더가 효과적으로 영향력을 향상시키는 원칙을 5가지만 생각나는 대로 써보시오.

____

____

____

____

____

▶ 그렇다면 리더는 어떻게 사람을 이끌며 그들에게 영향력을 행사하는가? 리더가 사람을 이끄는 방법에는 다음과 같은 기술이 있다.

첫째, 관계 맺기(Relating)____________________________

____

둘째, 코칭하기(Coaching)____________________________

____

셋째, 맨토링하기(Mentoring)__________________________

____

넷째, 동기부여(Motivating)___________________________

____

다섯째, 모범보이기(Modeling)_________________________

____

▶ 영향력(Influence)이란 무엇인가?

Iniative (주도권을 잡아라)
Networking (네트워킹을 잘하라)
Feeling (감정을 공유하라)
Leading (리딩하라)
Understanding (상대방을 이해하라)
Energize (열정을 불어넣어라)
Needs (필요를 충족시켜라)
Communication (커뮤니케이션에 능통하라)
Education (자기학습에 충실하라)

영향력을 행사하는 원칙

> 리더십은 영향력이다. 그 이상도 그 이하도 아니라고 리더십의 대가인 존 맥스웰은 말한다. 집단 구성원들에게 혹은 가족이나 사회생활과정에서 만나는 대인관계에서 설득력있고 목적을 달성하는 데 필수 비타민이다. 리더십과 영향력의 크기는 같다. 리더십은 하나의 성과를 창출하기위한 일련의 프로세스다. 프로세스 없이 성과는 창출될 수 없다.그러므로 리더십이란 성과를 만들어가는 징검다리, 즉 영향력을 행사하는 과정이라고 볼 수 있다.

▶원칙1: 리더는 커뮤니케이션을 통하여 영향력을 행사한다. 그러므로 설득력 있는 대화기법을 터득하는 것이 영향력의 첫 번째 원칙이다. 자신의 설득수준과 커뮤니케이션 능력을 분석해 본다.

▶원칙2: 자기분야의 전문성을 길러나간다. 리더는 전문성과 보편성을 두루 갖추어야 한다. 다시말해 일반론자(Generalist)이면서 동시에 전문가(Specialist)가 되어야 한다. 그러기 위해서는 자기만의 독특한 영역을 확보해야 하나. 자신의 전문지식은 어느 정도인지 분석해 본다.

▶원칙3: 신뢰성을 구축해 나간다. 추종자들은 리더의 재주를 믿고 따르는 것이 아니라 그의 신뢰성을 믿고 따른다는 말이 있다. 리더가 믿음을 주지 못하면 그는 결코 누구도 설득할 수 없으며 영향력을 행사할 수는 없다. 자신의 신뢰수준은 어느 정도라고 생각하는가?

▶원칙4: Win-Win 상황을 만들어나간다. 결코 리더는 혼자가 될 수 없다. 추종자가 없는 사람은 결코 리더라고 말할 수 없다. 대인관계는 서로에게 이익을 줄 때 성숙한다. 당신의 자신의 Win-Win 관계를 점검하라.

▶원칙5: 긍정적인 마인드를 길러나간다. 당신은 얼마나 긍정적인 사람인가?

자기사명서 작성의 원칙

▶ 리더는 미션을 창조하고 이를 전파하는 사람이다. 자기사명서는 무엇인가? 사명서는 다음과 같은 의미를 갖는다.

- 인생철학
- 생활신조
- 삶의 의지
- 되고자 하는 것, 달성하고자 하는 것을 향한 원칙
- 사고, 행동을 위한 지침서

▶ 자기사명서의 작성원칙은 다음과 같다

- 얻고자 하는 것에 초점을 맞춘다.
- 미래지향적이고 솔직해야 한다.
- 자신의 역량을 발휘할 수 있는 것이어야 한다.
- 나는 누구인가, 나는 어디로 가고 있는 가를 분명히 깨달을 수 있어야 한다.
- 머리를 쓰지 않고 마음으로 써야 한다.

▶ 자기사명서는 내게 무엇을 주는가?

- 비전을 달성하게 해준다.
- 셀프리더십을 강화시켜준다.
- 자신에게 철저한 인식을 준다.
- 자기존재를 깨닫게 해준다.
- 인생을 주도적으로 살게 한다.
- 원칙중심의 삶의 방향을 제시해준다.
- 자신감을 갖게 한다.

Service 나의 사명서작성하기

솔직하게 당신의 삶의 질을 향상시키고 되고자 하는 사람, 얻고자 하는 것을 쉽게 얻을 수 있고 성과창출에 도움이 되는 개인헌법, 즉 원칙을 제시해 보라. 사명서는 한번 작성함으로써 끝나는 것이 아니라 수정하고 의지를 다지며 자신의 목적과 혁신적인 가치를 얻을 수 있는 안목에서 작성되어야 한다. 그리고 매일 한 번 이상 읽는 습관이 요구된다. 우리를 미래로 안내하는 것은 스스로 작성하고 관리하는 사명서다. 사명서는 결코 파괴 될 수 없는 자기헌법이기 때문이다.

⇓

LEADER가 되는 원칙

1. 기본원칙에 충실하라. 기본은 모든 일의 초석이다.
원칙 : ________________

2. 우호적인 사람이 되기 위해 노력하라.
방법 : ________________

3. 자신부터 변화시켜라. 내가 먼저 변화하는 것이 원칙이다.
변화 : ________________

4. 비전을 공유하라. 비전을 나누면 미래는 더 커진다.
비전 : ________________

5. 핵심역량을 강화하라. 나만의 독특한 브랜드를 만든다.
____

6. 항상 긍정적으로 생각하라. 세상은 긍정적인 사람의 편이다.
____

7. 유연성을 가져라. 유연함은 다양한 상황을 극복하게 한다.
안전지대 : ________________

8. 좋은 습관을 가져라. 습관을 반복하다 보면 운명이 된다.
습관 : ________________

9. 균형잡힌 삶을 살아라. 리더십은 어느 한쪽에 쏠리지 않는 것이다.
요인 : ________________

10. 사람을 사랑하라. 모든 리더십은 사람에 관한 일이다.
섬김 : ________________

LEADER의 가치를 높이는 원칙

▶ 개요

리더십을 향상시키는 일은 자신의 가치를 극대화시키는 일이고, 원하는 목표에 빠른 시간에 도달하는 데 있다. 리더는 자신을 팔 수 있는 아이디어, 열정, 자신감이 넘쳐야 한다. 자신 안에 숨겨진 재능을 모두 쏟아내는 일, 이것이 리더십의 본질이다.

▶ 원칙1: 자신을 팔아라.

▶ 원칙2: 자신의 상품가치(장점, 능력, 특성 등 리더십 요소)를 정리한다.

▶ 원칙3: 2분 안에 자신을 홍보하여 팔아라.

▶ 리더로서 자신의 상품가치를 극대화시킬 수 있는 방법에는 무엇이 있나요? 모두 적어 보시오.

- 리더로서 따르고 싶은 이유는 무엇이며, 리더로서 존중하고 따르고 싶은 사람은 누구입니까?

• 리더로서 따르고 싶은 사람

• 그 리더의 특성

• 리더로서 따르고 싶은 이유는

▶ 리더로서 나는 누구인가? 자신의 리더십 요인을 제시해 보고, 나를 차별화시킬 수 있는 점은 무엇인지 설명해 보시오.

나를 극복하는 원칙

▶ 원칙: 다음의 글을 읽고 자신의 환경에 비추어 과거의 어려움을 극복하고 오늘의 승리자로 서게 된 원칙을 제시해 보라. 나를 극복하지 못하면 타인을 리드할 수 없다. 리더는 늘 자신과의 싸움에서 승리자가 되어야 한다.

- 집안이 나쁘다고 탓하지 말라.
- 나는 아홉 살 때 아버지를 잃고 마을에서 쫓겨났다.
- 가난하다고 말하지 말라.
- 나는 들쥐를 잡아먹으며 연명했고 목숨을 건 전쟁이 내 직업이었고 내 일이었다.
- 작은 나라에서 태어났다고 말하지 말라.
- 그림자말고는 친구도 없고 병사로만 10만 백성은 어린애와 노인까지 합쳐 2백만도 되지 않았다.
- 배운 게 없다고 힘이 없다고 탓하지 말라.
- 나는 내 이름도 쓸 줄 몰랐으나 남의 말에 귀 기울이면서 현명해지는 법을 배웠다.
- 너무 막막하다고 그래서 포기해야겠다고 말하지 말라.
- 나는 목에 칼을 쓰고도 탈출했고 뺨에 화살을 맞고 죽었다가 살아나기도 했다.
- 적은 밖에 있는 것이 아니라 내 안에 있다.
- 나는 내게 거추장스러운 것은 깡그리 쓸어버렸다.
- 나를 극복하자 나는 징기즈칸이 되었다.

----징기즈칸---

⇒

나를 극복하자 나는
(　　　　　　)가(이) 되었다.

리더십 SWOT 분석

SWOT 기법을 통하여 자신의 리더십을 분석한다. S(Strengths:강점), W(Weakness:약점), O(Opportunities:기회), T(Threats:위협) 차원에서 자신의 리더십을 분석해 보고 바람직한 발전방안을 제시한다.

S(나의 강점은?)	W(나의 약점은?)
O(나의 기회는?)	T(나의 위협은?)

⇓

나의 바람직한 리더십

리더십 진단
-헤어 컨설팅 그룹-

나는 어떤 유형의 리더십을 갖고 있는가? 헤어 컨설팅 그룹은 리더의 유형을 다음과 같이 6가지 유형으로 제시하고 있다. 상황에 적합한 리더십을 발휘하여 최고의 성과를 창출하는 리더가 유능한 리더다.

지시, 명령형 스타일	- 지시한 대로 하라
비전형 스타일	- 내 생각대로 따라오라
관계중시형 스타일	- 사이좋게 일하라
집단운영형 스타일	- 이 문제에 대하여 모두 어떻게 생각하나
규범형 스타일	- 내가 하는 대로 하라, 부하에게 규범을 제시함
육성형 스타일	- 이렇게 해 보면 어떨까?

당신은 리더인가?

당신은 리더인가, 관리자인가? 리더라면 어떤 요인을 갖고 있는가? 리더로 성장해 나가기 위해서 어떤 사다리를 밟아야 하는가?

World Executive Digest(1992.9)에서 제시하고 있는 아래 요인을 분석하고 평가해 본다.

⇓

관리자(Manager)	리더(Leader)
(다른 사람을 관리하고 감독함)	(다른 사람을 지원하고 격려함)
•남에게 지시함	•남을 안내하고 개발시킴
•경쟁분위기를 조성함	•상호 협력적인 분위기를 조성
•직책/직급을 활용	•관계를 활용
•동질적/획일적인 것 추구	•다양성/유연성의 추구
'어떻게 할까요?' 식의 느린 의사결정 패턴을 보임	'이렇게 합시다.' 식의 신속한 의사결정 패턴을 보임
•위험의 회피	•위험의 감수
•개인별 기여도를 평가, 보상	•팀 작업 결과를 평가, 보상함
•위에서 하라는 대로 함	•스스로 일처리를 주도함
•사람을 비용(cost)으로 여김	•사람을 자산(asset)으로 여김

⇓

▶ 나는 리더인가? 리더라면 위의 요인 중 어느 것이 가장 뛰어난가?

____

____

____

▶ 리더로서 보완해야 할 요인은 무엇이라고 생각하는가?

____

____

독수리형

누구나 존경하고 닮고 싶어하는 유형이다. 멀리 볼 수 있으며 목표가 명확하다. 그러기에 부하들에게 늘 비전을 주고 새로운 목표지점을 알려준다. 자기관리가 철저하며 어느 조직에 가든 두각을 나타낼 수 있는 비장의 카드가 있다. 그는 언제나 스카웃의 대상이고 동료들은 항상 그와 함께 일하기를 원한다. 회사는 그가 떠날 것을 두려워하며 언제나 더 높은 연봉과 조건을 제시한다. 그의 유능함과 업무처리 능력이 늘 벤치마킹의 대상이 된다. 그는 늘 부하들을 믿고 영웅으로 만들기 위해 노력한다. 부하가 자기보다 뛰어날 때 행복감을 느끼는 유형이다. 최고의 팀장 조건을 갖고 있다. 누구나 닮고 싶은 셀러리맨의 우상이다.

독수리가 부하에게 자주 하는 말

-자네는 최고가 될 수 있어
-우리가 가면 그게 길이라네
-난 자네를 믿네
-자네가 성공하는 것이 내 기쁨이네

대표적인 행동유형

-언제나 모범을 보인다
-늘 열정적이다
-목표가 명확하다
-부하들을 감싸며 날 수 있게 리드한다
-자기분야에 전문가다

주변 사람들의 반응

-핵심역량이 강하다

-주변에 사람들이 모여든다

-신뢰와 존경의 대상이다

-부하들에게 비전을 준다

-맏형같은 느낌을 준다

-회사는 언제나 그의 머리에 의존한다

하지만 독수리형은 모두의 모범이 되지만 늘 경계의 대상이기도 한다. 그를 시기하고 끌어내리고자 하는 사람들이 주변에 많다는 것을 유의해야 한다. 한 마디로 경쟁자가 너무나 많다. 자칫하면 똑똑한 것이 도리어 화가 되어 주변 사람들과 융합하고 시너지를 발휘하는 데 걸림돌이 될 수도 있다. 이를 극복하기 위해서는 지금보다 더 높이 날 수 있는 날개짓이 필요하다. 누구도 따라올 수 없는 독보적인 존재로 거듭나야 한다. 그래야 독수리의 주가는 날로 치닫고 CEO를 향한 꿈을 가질 수 있다. 하지만 항상 하늘에 머물 수는 없다는 것을 명심해야 한다. 그가 머무는 곳은 사람들 속이어야 하기 때문이다. 하늘을 날되 흙냄새를 잊어서는 안 된다.

기러기형

팀웍을 생명으로 여기는 유형이다. 협조와 칭찬을 최고의 무기로 알고 있다. 그는 혼자 날아가는 것은 조직에 아무런 도움이 되지 않는다는 것을 좌우명으로 삼고 있다. 언제나 부하들과 함께 행동하기를 원하며 경우에 따라서는 자신을 대신하여 다른 사람을 리더로 내세울 만한 용기가 있다. 그는 언제나 격려하며 응원하는 기러기 떼의 정신을 믿는다. 그리고 대형을 지어 함께 날면 70%를 더 쉽고 빠르게 날 수 있다는 것을 알고 있다. 그는 칭찬과 배려의 정신으로 팀원 모두가 영웅이 되길 간절히 원한다.

기러기가 부하에게 자주 하는 말

-역시 자네야

-난 자네의 긍정적인 게 마음에 들어

-내 대신 이번에 큰일을 대신해 보겠나?
-자네가 있어 우리 팀이 사는 거야

대표적인 행동유형

-팀이 없으면 나도 없다
-대화의 절반은 칭찬이다
-성과는 언제나 팀원의 몫으로 돌린다
-언제나 팀원과 함께 한다
-팀을 위해서 희생할 각오가 되어 있다

주변사람들의 반응

-따뜻함을 주는 힘이 있다
-정(情)의 리더십이 강하다
-나 보다는 우리를 강조한다
-성과만큼이나 과정을 중시한다
-팀원을 가족으로 생각한다

기러기는 팀 속에서는 자유롭다. 하지만 언제나 팀 속에 갇혀 지낼 수는 없다. 시간이 지나면서 그는 지금보다 더 높은 자리로 초대받을 수 있다. 자리는 더 큰 것을 늘 요구한다. 팀 속에서는 조화롭게 조직을 잘 이끌어 오지만 팀을 떠나서는 아무것도 할 수 없는 무능한 기러기로 전락할 수도 있다. CEO로 승진되었을 경우는 더욱 그렇다. 그래서 그는 늘 자기만의 끼와 꾀를 갈고 닦아야 한다. 기러기가 죽었다 깨어나도 독수리는 될 수 없다. 물론 그것이 비교대상이 되어서도 안 된다. 하지만 기러기는 기러기가 되어야 한다. 기러기세계에서는 알아주는 그런 기러기가 되는 것이 그의 미래를 보장받는 길이다.

거미형

글로벌 시대에 살아남을 수 있는 대표적인 창조유형이다. 나만의 노하우가 분명하며 한 가지 기술을 갖고 먹고살기에 충분하다. 여기저기 거미줄치듯이 인맥이 다양하며 일과 여가를 함께 즐길 줄 아는 유형이다. 대표적인 벤처타입이다. 한눈에 누구나 쉽게 알아볼 수 있는 능력이 넘친다. 그런데 자기만의 둥지를 트는 단점이 있다. 팀과의 호흡보다는 개인주의 성향이 강하며 지나치게 자신만만한 타입이다. 그러므로 성과를 나눌 수 있는 배려가 부족하다. 그는 리더지만 언제나 혼자 있는 것처럼 보인다. 팀원들에게 능력은 돋보이지만 그들을 감싸고 하나되기를 꺼리는 유형이다. 그가 있는 팀은 언제나 팀과 팀장, 그리고 구성원들이 제각각이다. 그는 개인기는 뛰어나지만 팀장으로서의 역량은 한계가 있다. 그는 주장이지만 늘 골을 넣으려 볼을 달라고 소리치는 축구선수와 같기 때문이다.

거미가 부하에게 자주 하는 말

-한 가지만 확실하면 먹고사는 데 지장없어
-기회가 주어지면 더 좋은 회사로 떠나게
-내가 있고 나서 회사가 있는 거야
-똥싸게 일한다고 회사가 평생고용하냐?

대표적인 행동유형

-팀의 성과보다는 나의 성과를 강조한다
-늘 자신을 믿고 따르기를 바란다
-아이디어와 돈이 넘치는 것처럼 행세한다
-팀보다는 자신을 늘 먼저 생각한다
-때로는 팀원을 버리고 개인의 이익을 추구한다

주변 사람들의 반응

-능력은 뛰어나다

-자신을 추종하기를 바란다

-이기적이다

-팀에 대한 배려가 없다

-언제 떠날지 모르며 비전을 함께 할 수 없다

거미는 적은 노력으로 큰 이득을 취하는 창조사회에 적합한 유형이다. 그는 한 가지 기술을 뽐내며 휘젓고 다닌다. 하지만 자칫하면 그는 자만에 빠질 수 있다. 돋보이는 만큼 징에 맞을 수 있다. 그가 갖고 있는 기술과 재능이 아무리 뛰어나도 주변에서 돕지 않으면 그 재능은 무용지물이 되고 만다. 거미줄을 치는 것은 사람들 사이에서 가능한 일이지 혼자 동굴에 들어가 할 수 있는 일이 아니다. 그는 인맥없이 혹은 팀 없이 잘 할 수 있으리라는 유혹에 빠질 수 있다. 그가 독보적인 기술을 널리 알리고 더 큰 부가가치를 창출해 나가기 위해서는 늘 사람들 속으로 파고 들어가는 습관을 길들이는 일이다. 그 누구도 아무리 훌륭한 기술을 갖고 있더 하더라도 사람을 떠나서는 아무 의미가 없기 때문이다.

개미형

일만 아는 유형이다. 일을 잘하는 것만이 살아있는 이유라고 믿는다. 부하들의 특성이나 배경, 개성 따위에는 관심이 없다. 무조건 일만이 그의 일과다. 그러나 그를 따르는 사람은 없다. 그에게는 일만 있고 리더십이 없기 때문이다.

특별한 아이디어나 창의성이 뛰어난 것도 아니면서 일만 추구한다. 그것도 위에서 시키는 일을 수동적으로 한다. 부하들에게는 팀장이라기보다는 그저 함께 일하는 동료처럼 보인다. 그러므로 비전을 주지 못한다. 더더욱 안타까운 것은 자신을 위해서 일하는 것이 아니라 오직 회사만을 위해 일한다는 것이다. 일할 능력이 떨어지면 그 날 당장 물려 죽는 일개미처럼 그에게는 동료나 부하를 감쌀 만한 능력이 부족하다.

개미가 부하에게 자주 하는 말

-자, 이제 일이나 하지
-요즘 우리 팀 실적이 문제시되고 있네
-일은 시원치 않게 하면서 무슨 요구가 그리 많아?
-절간이 싫으면 당장 떠나면 될 것 아냐!

대표적인 행동유형

-직장은 일하는 곳이다
-기업문화나 복지는 필요없다
-일 잘하는 사람이 승진한다
-창의성은 없고 시키는 일만 한다
-여유나 유머는 찾아볼 수 없다

주변 사람들의 반응

-팀장이라기보다는 자영업을 해야 한다
-부하에 대한 배려가 없다
-늘 부하들을 지치게 만들고 재미없는 리더다
-존경의 대상이 아니라 일하는 사람이다
-미래는 안 보고 무조건 주어진 일만 한다

개미는 숙명적으로 일만 하도록 되어 있다. 거기에는 창의성이나 아이디어가 없다. 그저 먹고 살기 위해 생명이 붙어있는 한 짐을 지고 먹이를 긁어모아오는 노동에 시달려야 한다. 한 마디로 획기적인 노하우가 없다. 그는 팀장이 되어도 리드할 수 있는 사람이기보다는 같이 ane혀서 일만 하는 사람일 뿐이다. 이제 그는 일하는 능력에 리드하는 통솔력과 비전을 줄 수 있는 리더십이 필요하다. 시간이 지나면서 리더로 성장하는 것이 조직의 생리다. 그럴만한 능력이 없는 사람은 시간에 밀려 퇴출될 수 밖에 없다. 개미가 그 근면성을 유지하고 지속적으로 인정받기 위해서는 리더십을 갖추어 나가야 한다.

좀비족형

대표적인 기회주의자형이다. 좀비족이란 서아프리카의 부두(Voodoo)족이 숭배하는 뱀의 신에서 유래된 말로 주체성이 없고 타성에 젖어 로봇처럼 무사안일에 빠져있는 사람을 가리킨다. 이는 일이나 리더십에는 아랑곳하지 않고 처세술에만 능해 오직 자신의 목숨하나 유지하기 위해 안간힘을 쓰는 기회주의 타입이다. 그에게서 비전이나 열정을 찾기는 힘들다. 그를 팀장으로 모셔야 하는 부하들은 늘 불평과 불안과 비전이 없는 나날을 보내야 한다. 좀비족형의 팀장은 언제나 윗사람에게 잘 보이기 위해 안간힘을 쓰며 때로는 부하를 팔아먹는 파렴치한이다. 뒷짐지고 콧노래나 부르다가도 사장이 나타나면 미소지으며 미사여구를 늘어놓는다. 부하들의 업적을 자신의 공으로 만들기 위해 음흉한 생각에 바쁘다. 잔머리만 가득한 유형으로 부하들이 함께 일하기 가장 싫어하는 유형이다.

좀비족이 부하에게 자주 하는 말

-왜 요즘 거래처 인사는 뜸하지?
-일만이 능사가 아냐
-자네는 윗사람을 섬길 줄 몰라?
-인사는 퇴근 후에 이루어지는 거야

대표적인 행동유형

-윗사람을 자주 동원하며 지시한다
-믿음을 주지 못하며 부하들이 모이는 것을 꺼려한다
-팀이나 조직보다는 오직 자신의 보신에 신경쓴다

-말만 앞선다
-전형적인 기회주의자다

주변 사람들의 반응

-감언이설에 능하다
-본받을 만한 리더십이 없다
-부하의 공은 자기의 것으로 포장한다
-처세에만 능하다
-윗사람에게는 간이라도 빼줄 듯하다

좀비족은 리더가 될 수 없다지만 그런 유형의 사람들이 의외로 리더의 자리에서 영향력을 행사하는 경우를 본다. 그것은 직원들에게 피로를 던져주는 일이다. 그러므로 그가 갈 수 있는 길은 성실하게 사는 길뿐이다. 그렇지 못하면 그는 늘 신뢰감을 주지 못하고 주변 사람들은 서서히 그의 곁을 떠나게 될 것이다. 리더는 아무리 뛰어난 전문지식을 갖고 있다 하더라도 혼자는 리더가 될 수 없다. 그를 따르는 사람이 없는 한 그는 리더가 아니라 독불장군이기 때문이다. 따라서 주변사람들에게 신뢰감을 주고 팀을 유지하는 것이 그가 좀비족 굴레에서 벗어나는 일이다.

나무늘보형

시대에 뒤져있고 부하들보다도 고루한 사고를 갖고 있다. 게으르고 자기혁신이 없는 유형이다. 나무늘보는 10센티를 가는 데 30초나 걸린다. 그러면서 끈질기게 나무에 매달려 있다. 스피드 시대에 느리고, 잘릴 것이 두려워 두 손으로 나무토막을 안고 있다. 살기 위해 죽도록 싫은 출근은 하지만 비전이 없고 변화가 없다. 부하들보다도 뒤쳐져있으며 때로는 먹고살기 위해 부하들에게 손을 내미는 유형이다. 주변환경의 변화에 순응하지 못하며 게으름 그 자체를 갖고 발버둥친다. 자기 주변에 기발한 아이디어와 날고기는 부하들이 있다는 것조차 인정하지 못한다. 그저 시간이 지나면 월급이 나오고 나무가 쓰러지지 않는 한 자신은 떨어지지 않는다고 믿는다. 부하에 대한 리더십은 찾아볼 수 없고 먹고살기 위해서 부하의 눈치나 보는 유형이다.

나무늘보가 부하에게 자주 하는 말

-세월이 좀 먹냐?

-자네 돈 좀 빌려주게

-내 대신 자네가 부장님에게 말해보게

-뭐 잘한다고 두 봉투 받나?

대표적인 행동유형

-자신만 안다

-부하들의 재능을 모른다

-시대에 뒤져있다

-아이디어가 없다

-변화가 없다

주변사람들의 반응

-부하들의 눈치나 본다

-비전을 주지 못하며 소리를 내지 못한다

-늘 잘릴 것을 두려워한다

-성과보다는 현상유지에 급급하다

-그는 늘 혼자다

나무늘보는 주변환경의 변화에 대처할 수 있는 능력이 없다는 것이다. 밤이나 낮이나 잠을 자며 자기도취에 빠져있기 때문이다. 그가 갖고 있는 아이디어가 아무리 멋지고 훌륭하더라도 시대의 흐름에 맞지 않는다. 그는 그저 나무에 매달려 세월을 낚는 사람일뿐이다. 신속한 의사결정이 리더의 무기인데 그를 모시고 사는 팀원들은 덩달아 게으름뱅이가 되어야 하며 늘 타부서에 비하여 정보에 뒤지고 뒷북이나 치는 존재로 전락하고 만다. 그가 리더로 거듭나기 위해서는 앞서가는 습관, 이끌어가는 능력, 비전을 제시하는 리더로 환골탈퇴해야 한다. 그리고 지금 당장 나무에서 내려와 드넓은 들판을 달리며 미래를 개척해 나가야 한다.

앵무새형

행동은 없고 말만 앞서는 유형이다. 소신과 철학없이 상사의 목소리나 대변한다. 부하들의 고충은 이해하지 못하며 입으로만 연명한다. 늘 입으로는 최고다. 하지만 실적이 없고 변명하기 바쁘다. "사장님의 지시다. 회사의 정책이다." 등은 그의 단골메뉴다. 부하들에게는 믿음을 주지 못하며 부하들도 이미 포기한지 오래다. 그에게 팀은 존재하지 않는다. 그러니 팀원도 없다. 그저 눈치나 보며 앵무새처럼 말로만 한 몫 챙기려든다. 그가 속한 팀은 언제나 콩가루다. 구심점이 없다. 하지만 그는 늘 말재주가 뛰어난 리더다.

앵무새가 부하에게 자주 하는 말

-윗사람 지시니 나도 어쩔 수 없네
-하라면 하지 왜 설이 많아?
-서러우면 이 자리에 앉으라구!
-일단 잘 보이는 게 중요하지 않나?

대표적인 행동 유형

-팀에 대한 소속감보다는 윗사람 눈치가 더 중요하다
-부하는 언제든지 말로 움직일 수 있다
-행동이 없다
-부하를 이끌만한 소신이 없다
-리더로서 철학이 없이 행동한다

주변 사람들의 반응

-신뢰가 부족하다
-말만 앞선다
-그런 리더는 필요없다
-부하에 대한 배려가 없고 비전이 없다
-부하가 상사를 만나는 것조차 꺼려한다

앵무새는 말하기만을 좋아한다. 그것도 소신있는 말이 아니라 그저 흉내내는 정도다. 주관이 없기 때문에 책임질 일을 회피하며 전달자 역할에 그칠 수 있다. 부하들은 늘 그를 립 서비스에 뛰어난 달인이라고 부를 것이다. 그가 리더로 거듭나기 위해서는 지금 당장 행동하는 자세를 보여주는 것이다. 리더는 행동하는 사람이지 말이나 그럴듯하게 늘어놓는 기술자가 아니기 때문이다. 게다가 앵무새는 감정이 없다 그가 여전히 말로만 리더가 되기를 고집한다면 결국 혼자 남게 될 것이 분명하다. 리더는 말하는 재주가 뛰어난 사람이 아니라 행동함으로써 주변 사람들에게 영향력을 행사하는 사람이다.

유능한 리더란?

☞직원들에게는 만형, 상사에게는 주춧돌과 같은 역할을 한다.
☞직원들의 정보원과 문제해결사역할을 한다.
☞인간중심의 문화를 만들어간다.
☞독불장군이 아니고 직원들과 늘 같이 호흡한다.
☞부하직원에게 믿을 만 한 멘토(Mentor)가 된다.
☞직원이 능력을 100% 쏟아 낼 수 있도록 동기부여 한다.
☞조직내에 보이지 않는 벽을 찾아 허문다.
☞회사문제에 가능한 한 직원들을 참여시킨다.
☞직책에 얽매이지 않고 행동하는 리더십을 발휘한다.
☞골잡이가 되기보다는 미드필더가 되어 뛴다.

1. 부하를 영웅으로 만들어라

리더는 혼자만으로는 존재할 수 없다. 이끌고 영향을 미칠만한 대상, 즉 부하나 동료, 고객 등 사람이 있어야 한다. 이끈다는 말은 모범을 보인다는 데 그 의미가 있다. 이끌기 위해서는 솔선수범하는 자세와 남보다 앞서가는 전문지식이 있어야 한다. 리더는 모든 면에서 남보다 앞서가는 능력과 비전이 있는 사람이어야 한다.

앞서가는 리더란 동료, 조직구성원에게 본보기가 되고 비전을 제시하여 영향력을 행사할 수 있는 사람을 말한다. 모름지기 리더란 조직내의 조직문화를 존중하고 직원의 만족과 목표가 지향하는 바를 이루어나가기 위한 영향력을 행사하는 리더십 철학이 몸에 배어야 한다.

부하를 리딩한다는 말은 부하의 입장에서 문제를 바라볼 수 있는 사람이다. 리딩이란 앞장서 이끌어가는 것이 아니라 부하의 고충을 이해하고 정서적으로 만족할 만한 감정이입(empathy)을 내보일 수 있는 리더십이 요구되기 때문이다. 따라서 팀장에게 요구되는 첫 번째 자질은 내적인 성실함을 길러나가는 일이며 추종자(follower)에게 본보기가 되어 주는 일이다.

리더십은 공동의 목표를 달성하기 위하여 구성원 상호간에 영향력을 행사하고 리더는 구성원을 리딩함으로써 리더십을 발휘할 수 있다. 멋지고 훌륭한 리더는 부하를 영웅으로 만들 줄 아는 사람을 말한다.

2. 직원에게 에너지를 먹여라

리더는 추종자들에게 에너지를 불어넣고 동기를 심어주는 사람이 되어야 한다. 리더에게 요구되는 에너지란 지적이며 신체적으로 건강한 상태를 유지하는 일이다.

리더는 살아움직이는 표상이 되어야 한다. 그러므로 항상 활기차고 정력적인 에너지를 주위 사람들에게 전할 수 있어야 한다. 지적인 에너지란 자기분야에 전문지식을 쌓고 항상 자신을 업그레이드(up grade)시켜 나갈 수 있는 철저한 자기관리에서만 나온다. 리더는 지적인 깊이와 아름다움을 겸비할 수 있는 내적인 자질이 요구된다.

에너지가 넘칠 때 잠재능력을 개발할 수 있으며 이를 위해서는 긍정적인 태도가 중요하다. 긍정적인 태도를 갖는 것이 리더십을 발휘할 수 있는 잠재능력을 개발해 나가는 길이다. 이를 위해서는 보다 긍정적인 자아상(Self-concept)을 개발해 나가야 한다. 신체적인 에너지란 항상 밝고 건강한 이미지를 연출하는 사람이 되어야 함을 의미한다. 육체적 건강, 안정 없이 비전을 제시하고 구성원들에게 영향력을 행사할 수는 없다. 신체적·정신적·정서적·경제적인 안정토대 위에서만이 정력적인 리더십을 발휘할 수 있다. 에너지를 불어넣는다는 말은 동기를 불어넣는 일이다. 동기란 사람을 특정한 방향으로 움직이게 하는 힘이니 조직구성원을 움직일 수 있다는 것은 스스로 움직일 만한 동기를 불어넣는 일이다.

3. 직원에게 열정을 강요하라

감성시대에는 지식보다 더 중요한 것이 있다. 가슴이 따뜻해야 한다. 열정적인 에너지와 비전이 주위 사람을 감염시킬 수 있어야 한다. 열정만큼 중요한 것은 없다. 열정은 지식보다 중요하다. 인생에서 성공을 이루어내는 일 중에서 가장 중요한 요인을 들라면 나는 열정을 제시한다. 열정적인 자세만큼 인생을 흥분시키는 일은 없다. 등산하는 사람에게 열정만큼 중요한 게 없다. 정상에 오르는데 힘이나 지식보다 앞선 것은 오직 오르겠다는 열정만 있으면 오를 수 있다.

열정이라는 단어는 Enthusiasm으로 라틴어에서 어원을 보면 안에 신을 둔다는 의미를 갖고 있다.

내 안에 신을 둔다는 열정은 사람을 흥분시키고 자신의 잠재능력을 발휘하게 하는 원동력이 된다. 열정은 주위 사람에게 감염된다. 리더는 열정적인 근무자세와 태도를 가져야 한다. 리더가 열정적이지 못하면 부하를 감동시킬 수 없기 때문이다. 열정은 학벌, 경험, 간판을 초월하는 능력을 낳는다. 열정적인 리더는 비전을 창조하며 미래를 나누어 가질 수 있는 능력이 있는 사람을 말한다.

4. 자신감을 심어 주어라

자신감은 인간의 능력을 무한정 열어갈 수 있는 마력과도 같다. 지식보다 더 중요한 것은 자신감이다. 자신감은 천부적인 재능을 펼쳐나갈 수 있는 능력의 표현이다. 성공한 리더들이 가지고 있는 공통점은 자신을 신뢰하고 항상 자신감을 잃지 않고 열정적으로 살아온 사람들이다.

"창세기 이래 당신과 똑같은 인간은 하나도 없으며 또 앞으로도 당신과 동일한 인간은 나타나지 않을 것이다."라고 데일 카네기는 강조한다.

인간은 태어나면서부터 누구나 자신만의 독특한 능력을 가지고 있는 차별화된 존재라는 것이다. 이미 특성화되어 있는 자신을 일깨울 수 있는 것은 오직 자신을 신뢰하고 자신감을 갖는 일이다. 성공하는 마음을 심는 사람은 반드시 성공의 열매를 맺지만 실패하는 생각을 하는 사람은 반드시 실패하고 말 것이다. 결국 성공과 실패의 차이는 자신감의 여부에 달려 있다. 자신감이란 자신이 갖고 있는 능력을 스스로 인정해 주는 기술이라고도 한다.

내적인 능력을 열어가는 힘이 곧 자신감이다. 리더에게 자신감이 없다면 존경은커녕 누구도 리드해 나갈 수는 없다. 리더란 영향력을 통하여 사람을 움직이는 기술이기 때문에 자신감이 없는 리더를 추종할 사람은 없다.

"할 수 있거나 바라는 것이 있다면 주저말고 지금 시작하라. 대담함은 마술과도 같은 힘을 발휘한다."고 괴테는 자신감의 중요성을 지적한 바 있다.

할 수 있다는 믿음과 비전을 심어주는 것, 이것이 팀장의 역할이며 직원들에게 꿈을 주는 것이다.

5. 훌륭한 습관을 길들여 주어라

습관은 제2의 천성이라는 말이 있다. 리더로서 비전을 제시할 수 있고 끝없이 자기계발을 추구할 수 있는 힘은 습관화된 일상생활 측에서 나온다. "우리는 습관의 결과물이다. 우수함이란 결국 행동이 아닌 습관에 불과하다."고 아리스토텔레스는 습관의 정의를 내리고 있다. "습관이야말로 일관성있게 주도하여 무의식적인 유형으로 끊임없이 산 매일매일 우리의 성품을 나타내고 개인이 성공 혹은 실패를 하는 데 중요한 역할을 한다."며 스티븐 코비 박사는 성공하는 사람들의 7가지 습관에서 습관의 중요성을 제시하고 있다.

또한 "훌륭한 습관이란 응급처치 식으로 짧은 시간에 형성되는 것이 아니다. 습관이 형성되는 것은 하나의 과정이고 나아가 무한한 결심과 몰입을 요구한다."며 습관의 형성과정을 강조한다. 독자나 나는 오늘 내 모습은 과거 꾸준히 연습하고 행동해 온 습관의 결과물이라 오늘의 습관은 내일의 결과를 만든다.

성공학자 나폴레옹 힐은 "우리의 모든 행동은 걸음마란 단계부터 쌓아온 습관의 결과물이다. 우리가 걷고 말하는 것도 습관이다. 먹고 마시는 것, 성행위도 습관이다. 긍정적이든 부정적이든 타인과 관계를 맺는 것도 습관의 결과물이다. 하지만 우리가 습관을 왜 또는 어떻게 형성하는지 아는 사람은 거의 없다."며 습관의 중요성을 제기하고 있다.

성공하는 습관을 직원들에게 심어주고, 최고가 되는 습관을 찾아

갈수 있도록 길을 닦아주는 선배, 이것이 부하직원들이 요구하는 팀장의 리더십이다.

6. 직원을 혁신적인 사고로 무장시켜라

리더는 혁신적인 사고와 행동을 직원들에게 불어넣는 사람이다. 환경변화에 능동적으로 대처하고 대응적이 아니라 주도적으로 삶을 개척해 나가는 리더십이 요구되기 때문이다. 리더는 사람에게나 시장환경에 끌려가는 사람이 아니라 이끌고 리드해 나가는 사람이다. 따라서 항상 앞장서고 혁신적인 사고와 비전을 가질 수 있도록 직원들에게 가르쳐야 한다.

혁신적인 사고(Breakthrough thinking)는 편안하고 고정화된 틀을 깨고 안전지대(safety zone)를 넓힘으로써 잠재된 무한한 능력을 개척해 나가게 한다. 보통 사람들은 평소에 자신의 능력을 10% 밖에 사용하지 못한다고 한다. 문제는 10%의 능력 안에 안주하는 사람이 아니라 틀을 깨고 나와 90%의 무한한 잠재능력에 도전하여 인상을 혁신적으로 개척해 나가는 자세다.

직원들에게 요구되는 혁신성이란 낡은 사고와 보통의 삶을 박차고 창의성있는 비전을 제시하고 구성원들 서로에게 영향력을 행사할 수 있는 자질이기 때문이다.

리더는 항상 창의성을 이루어 나가기 위한 혁신적인 사고를 갖는 습관의 중요성을 역설하는 사람이어야 한다. 그러므로 직원의 기와 끼를 불태우고 능력을 100% 발휘할 수 있도록 코치하는 선배역할, 이것이 조직내에서 해야 하는 팀장의 역할이다.

7. 목적이 없는 직원은 추방하라

리더십이란 공동의 목표를 이루어나가기 위해 서로에게 영향을 미치고 추진해 나가는 과정이다. 목표의식이 없다면 리더십은 표류하고 영향력을 발휘할 수 없다. 목표의식은 비전과도 일치한다. 리더십컨설턴트인 워런 베니스는 "리더십이란 비전을 현실로 옮기는 능력"이라며 비전설정이 얼마나 중요한가를 제기하고 있다.

평생 동안 맹인이며 귀머거리였던 문호 헬렌켈러는 "이 세상에서 가장 한심한 사람은 볼 수는 있지만 비전이 없는 사람"이라고 비전 없이 사는 사람의 허상을 고발하고 있다.

"리더십개발은 평생의 여행이지 잠시의 나들이가 아니다."라며 비전을 갖는 일의 중요성을 역설하고 있다. 공감할 수 있는 비전을 제시할 때 추종세력을 모을 수 있고 효과적인 리더십을 개발해 나갈 수 있는 것이다.

우리 모두에게 비전이 없다는 것은 죽은 것과 같다. 나는 평소 인간은 꿈을 먹는 동물이라고 생각한다. 꿈을 꾸는 데는 나이, 성별, 빈부, 학식, 직업이 걸림돌이 되지 않는다. 꿈을 먹음으로써 우리의 미래는 윤택해지고 행복해지는 것이다. 꿈을, 비전을 가질 수 없다면 미래를 포기한 것이다. 인간은 꿈을 먹는 유일한 동물이다. 꿈이 없다면 우리의 인생은 얼마나 비참하겠는가!

리더는 비전을 제시하고 높은 단계에 오를 수 있는 꿈을 먹는 리더십을 발휘할 수 있도록 부하직원들을 이끄는 사람이어야 한다.

마음내재의 법칙

▶ 원칙이해하기

- 모든 것은 내 안에 있다.

- 중요한 것은 눈으로는 볼 수 없다. 중요한 것은 오직 마음으로만 볼 수 있다(생떽쥐 페리).

- 세상을 여는 것은 머리가 아니라 (   )이다.

- 인간의 미래는 인간의 마음에 있다(슈바이쳐).

▶ 마음을 열어가는 비결

- 명상하기

- 기도하기

- 독서하기

- 자기와의 대화

- 영적인 이상추구

▶ 마음을 열어가는 방법에는 무엇이 있습니까? 당신이 평소 자신을 열어가기 위해 취하는 방법에는 무엇이 있는지 써보시오.

①______________________________

②______________________________

③______________________________

④______________________________

⑤______________________________

▶ 「가장 훌륭한 의사는 마음이다.」 이는 의학의 아버지라 불리우는 히포크라테스의 말입니다. 이 말에 대한 당신의 생각은 무엇입니까?

▶ 당신이 찾는 모든 것은 당신 안에 있다. 자, 그렇다면 당신은 어떻게 당신의 마음의 문을 열 것인가? 지금 당장 취할 수 있는 비결 한 가지만 쓰시오.

▶ 마음을 경영하는 일은 무엇인가?

- 마음을 바꾸는 일
- 긍정적으로 생각하는 일
- 무한한 잠재능력에 도전하는 일
- 마음으로 생각하는 일

▶ 당신의 마음이 열릴 때 당신에게는 어떠한 이익이 있겠습니까? 모두 써보시오.

M E M O

2단계

리더는 힘(ENERGIZE)이 넘치는 사람이다

S·E·L·F L·E·A·D·E·R·S·H·I·P

둘째 주

힘(Energize)쌓기

S·E·L·F L·E·A·D·E·R·S·H·I·P

힘(Energize)쌓기

훈련개요

리더는 정신적, 신체적, 정서적, 영적으로 균형잡힌 삶을 살아야 한다. 자기내부의 균형잡힌 에너지가 표출될 때 안정감있고 비전있는 리더십을 발휘한다. 따라서 내부통제가 밖의 세상을 통제하게 된다. 리더가 힘을 쌓는 일(Energize)은 균형 잡힌 에너지를 창출해나가는 일인 동시에 자신의 동기부여를 통해 에너지가 넘치는 리더십을 개발해나가는 일이다.

목 적

◦ 리더는 안정감있고 균형감각있는 삶을 창조한다.
◦ 훌륭한 리더십은 자기내부의 통제에서 비롯된다.

기대효과

◦ 균형잡힌 리더십을 발휘하여 영향력을 높여나간다.
◦ 내적 동기부여를 통한 자기성취와 바람직한 리더십 창출에 기 여한다.

Warming Up

훈련에 들어가기에 앞서 나는 얼마나 균형잡힌 삶을 살고 있는지 분석해 보고 간단한 물음에 답해 본다.

1. 나는 건강한 리더다.
   그 이유는________________________________

2. 리더로서 나는 정신적, 신체적, 정서적, 영적으로 안정감이 있다. 혹은 없다.
   ① 정신적 -________________________________
   ② 신체적 -________________________________
   ③ 정서적 -________________________________
   ④ 영 적 -________________________________

3. 리더로서 안정감이 있고 균형잡힌 삶을 갖추기 위한 조건은?

4. 나는 내적 동기부여가 강하다. 스스로 내적 동기부여 시키는 방법은 무엇인가?

장애물 뛰어넘기

리더십은 균형감각이 있는 자기통제에서 나타난다. 에너지가 넘치고 안정감이 있는 리더십을 발휘하는 데 장애요인은 무엇인지 제시해보고 대안을 찾아본다.

⇓

장애요인	대안
①	①
②	②
③	③
④	④
⑤	⑤

신체활동과 마음의 표현은 완전히 결부되어 있다. 만약 당신이 한쪽을 변화시킨다면 즉각 다른 한쪽도 변화시키게 된다.

- Anthony Robbins

리더의 건강관리 원칙

▶ 원칙이해하기

- 건강을 잃으면 모든 것을 잃는다.
- 건강이 리더의 첫 번째 조건이다.
- 건강한 만큼 리더십을 발휘한다.

▶ 당신이 현재 규칙적으로 하고 있는 운동은 무엇입니까?

___

___

▶ 건강관리를 위해 무엇이 제일 소중하다고 생각합니까?

___

___

▶ 리더로서 건강관리에 도움이 되는 비결이 있다면 무엇이 있습니까?

___

___

▶ 주기적으로 운동을 하지 못하는 이유를 써보시고 이를 극복할 수 있는 대안을 제시해 보십시오.

실패이유	극복방안

▶ 여가시간을 보통 어떻게 보냅니까? 여가시간은 자기계발과 휴식 등 보배와 같은 귀중한 시간입니다. 리더십을 향상시키기 위한 방안으로 여가시간을 멋지게 보내는 방법을 소개해 보시오.

▶ 리더의 건강관리를 위해 앞으로 실천할 수 있는 방법을 모두 써보시오. 그리고 가장 바람직한 것 한 가지만 선택하여 집중적으로 투자해 보시오.

▶ 리더에게 건강이 중요한 이유를 건강하지 않은 주변 사람의 사례를 들어 설명해 보시오.

리더의 새로운 역할

▶원칙이해하기

리더는 미래지향적이다.

리더는 인간적이다.

리더는 창의적이다.

리더는 주변환경을 정비한다.

▶ Control VS Influence

▶ Position power VS Personal Power

▶ Personality VS Character

균형 잡힌 삶 (1)

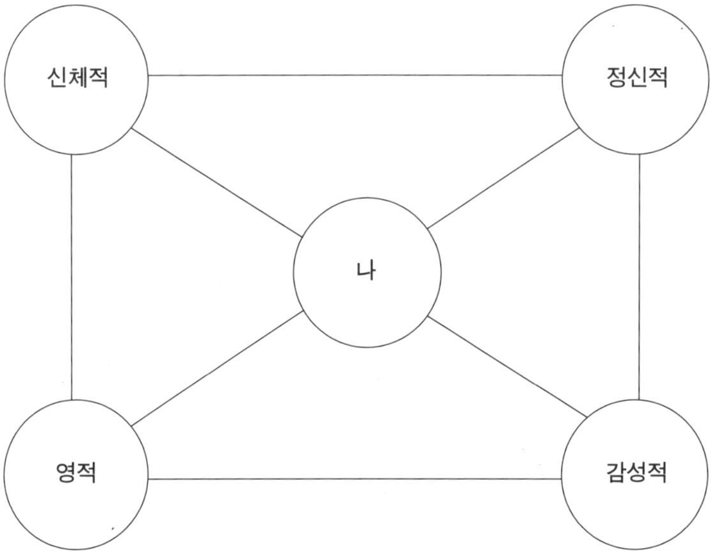

⇓

나는 어디에 있는가?

▶ 다음 물음에 답변하고 당신은 얼마나 균형잡힌 삶을 살고 있는지 분석해 보시오.

1. 신체적으로 나는______________________________
2. 정신적으로 나는______________________________
3. 감성적으로 나는______________________________
4. 영적으로 나는________________________________

Service 균형 잡힌 삶

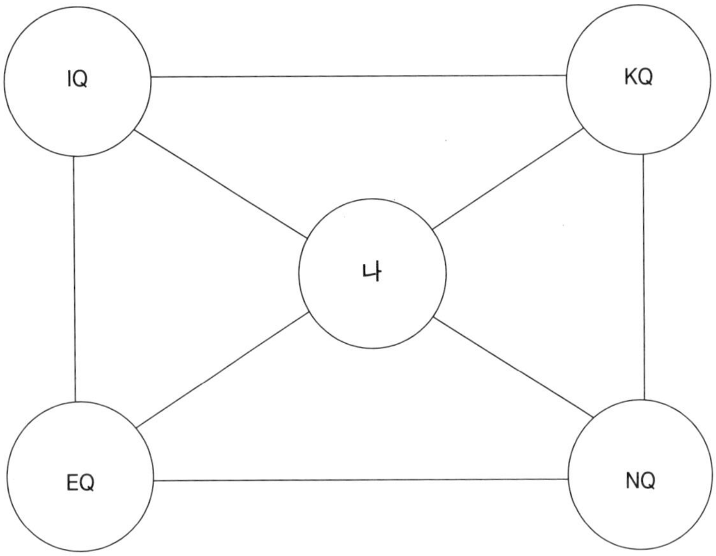

⇓

나의 LQ는?

▶ 당신의 LQ는 어느 정도인가? 최고점수를 100으로 보았을 때, 당신의 현재 위치는 어느 정도인가, 그리고 LQ를 향상시킬 수 있는 방법에는 무엇이 있는가?

구분	점수	향상방법
IQ		
KQ		
EQ		
NQ		

리더십구축

- 4-Ware 시스템 -

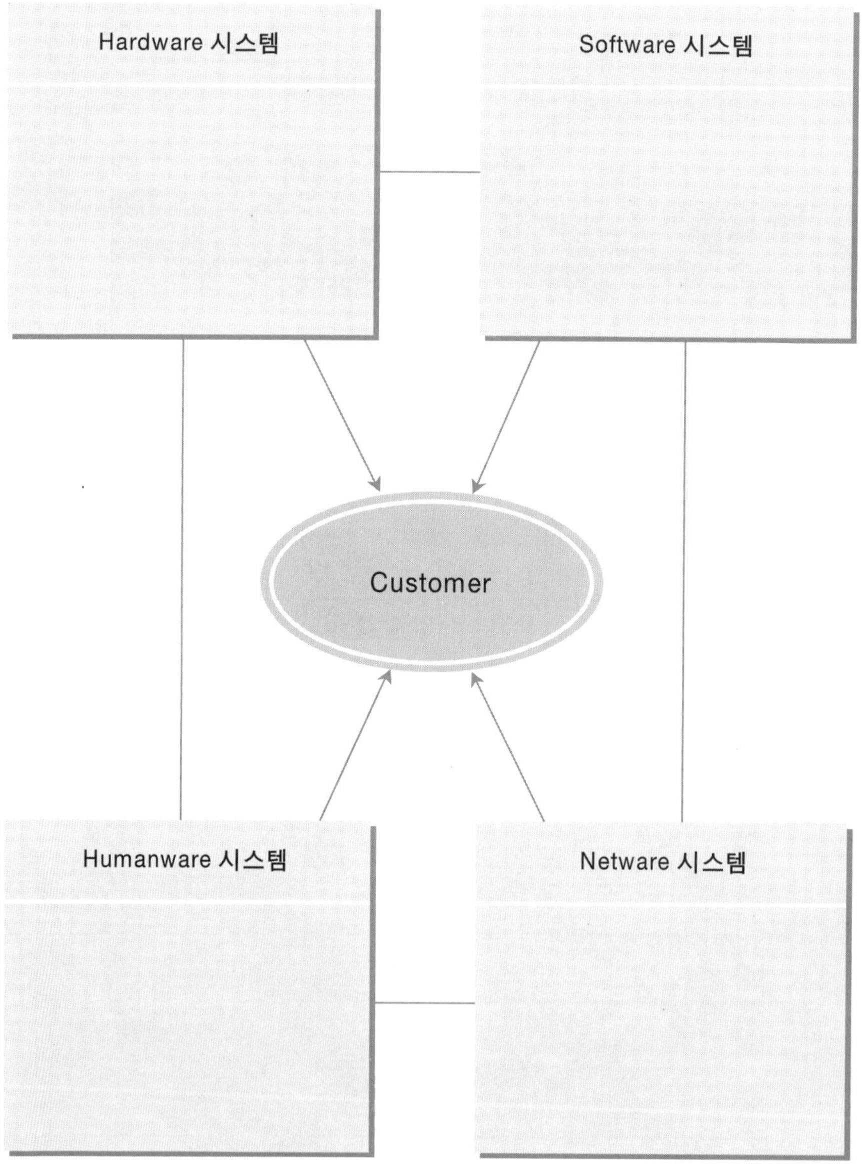

Service 리더십 점검 코너

▶ 다음 질문에 답해 보시오. 단계적으로 답변하는 과정에서 당신의 리더십 형성과정을 분석할 수 있고 당신의 미래를 예측할 수 있을 것입니다. 깊이있게 논리를 끌어내지 말고 생각나는 대로 써보시오.

1. 어머니에게서 물려받은 영향은

2. 아버지에게서 물려받은 영향은

3. 형제들에게서 물려받은 영향은

4. 초등학교시절의 꿈은

5. 친구들에게 받은 영향은

6. 청소년 시절에 강하게 받은 영향력은

7. 당신의 인생에 가장 큰 영향력을 미칠 사람은

8. 리더십에 관해서 가장 감명 깊게 읽은 책이나 영화는

9. 리더십을 간단히 정의 한다면

10. 리더십이 왜 중요한지 말한다면

▶ 다음 질문은 당신의 리더십을 평가하고 리더로서 자신을 뒤돌아보게 하는 데 도움을 줄 것이다. 솔직하게 진단해 보시오.

1. 당신은 리더인가, 관리자인가?

____

2. 당신을 따르는 사람들은 누구인가?

____

3. 그들로부터 존경을 받고있다고 생각하는가?

____

4. 그들에게 내가 가장 큰 영향력을 행사하는 방법은 무엇인가?

____

5. 왜 그들은 나를 따른다고 생각하는가?

____

6. 리더로서 한계는 무엇인가?

____

7. 리더십을 발휘하는 데 당장 개선해야 할 점은 무엇인가?

____

8. 리더로서 자신있게 말할 수 있는 당신이 행한 리더십은 무엇이 있는가?

____

9. 리더로서 가장 자랑스러웠던 적은 언제인가?

____

10. 리더십이 당신에게 왜 필요한 지 말해보시오?

____

▶ 당신이 가장 존경하는 리더는 누구인가?
그 리더의 이름을 적고 존경하는 이유와 그 리더의 특성을 적어보시오.

존경하는 리더	존경하는 리더의 특성	존경하는 이유

동기부여를 갖는 원칙

▶ 원칙

- 큰 목표는 작은 동기에서 시작한다.
- 내적인 동기가 세상을 움직인다.
- 욕구가 클수록 내적 동기부여는 자발적으로 커진다.

▶ 동기부여를 증대시키는 원칙

- 자아계발, 책읽기
- 목표를 항상 시각화하기
- 목표의식이 분명한 사람과 어울리기
  - ①______________________________
  - ②______________________________
  - ③______________________________

▶ 당신의 생각이나 행동에 큰 내적 동기가 부여되어 성공적으로 일을 달성한 사례가 있는가, 그 때 당신의 느낌과 감정을 솔직하게 써보시오.

____

____

____

____

▶ 당신에게 강한 동기를 부여해준 사건이나 독서, 주변사람은 누구입니까? 그 때 받았던 느낌과 그것이 당신에게 안겨준 성과는 무엇인지 말해보시오.

____

____

____

____

▶ 당신의 욕구는?

매슬로우에 의하면 인간의 욕구는 다음과 같이 5단계의 과정을 거쳐 형성된다고 한다. 당신의 욕구는 어느 단계에 머물러 있는가, 각 단계별로 당신이 해야 할 일은 무엇인가?

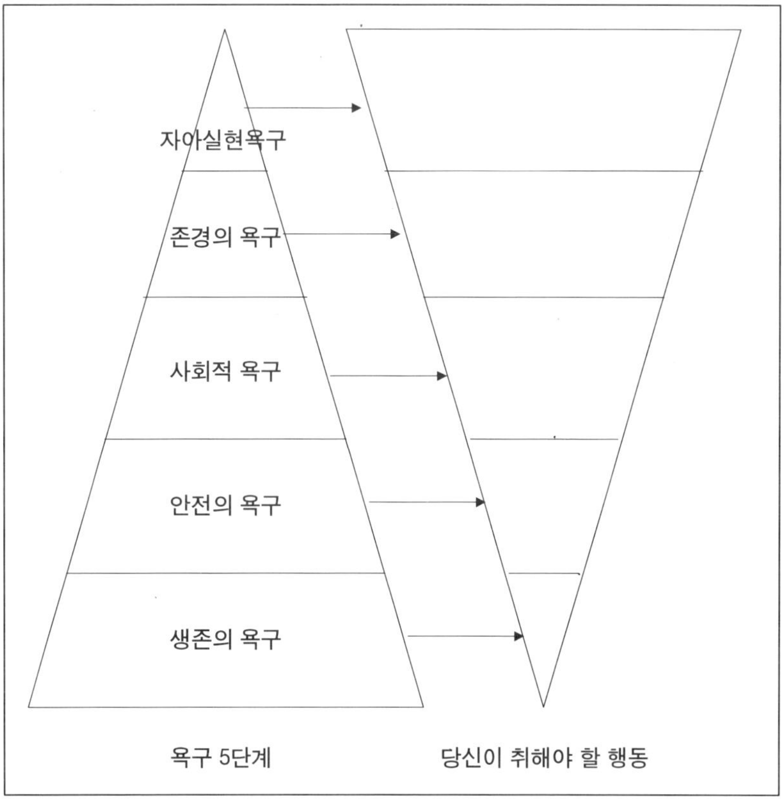

스트레스를 극복하는 원칙

▶ 스트레스의 정의는?

▶ 스트레스의 발생원인은 무엇이라고 생각하는가?

▶ 스트레스를 극복할 수 있는 방법에는 무엇이 있는가?

▶ 스트레스가 정신적, 정서적, 신체적, 사회적으로 미치는 영향은 무엇인가?

▶ 스트레스를 합리적으로 극복한 사례를 들어보시오.

▶ 스트레스를 극복하지 못하여 고통받은 사례를 들어보시오.

내 인생의 주인이 되는 원칙

▶ 나는 누구인가
- 나는 세상에 끌려다니는가?
- 나는 다른 사람들 틈에 끼어 무임승차하는가?
- 나는 주도적인 삶을 사는가, 반응적인 삶을 사는가?

▶ 내 인생의 주인이 되는 원칙
- 나는 내 자신이 되어야 한다. 그러면 나머지 일들은 저절로 이루어질 것이다.
- 나는 세상을 상대로 살지 않는다. 지금부터 내 자신을 상대로 살 것이다.
- 세상이, 타인이 나를 가둔 것이 아니다. 나를 가둔 것은 내 자신이다.
- 내 인생의 주인이 되는 것. 그것이 유일한 목표다.
- 내 인생의 주인이 될 때 안정, 평화, 행복, 비전은 저절로 이루어진다.

▶ 내 인생의 주인이 되는 데 장애요인은 무엇인가? 모두 적어보시오.

____

____

____

▶ 「나는 내 인생의 주인이다.」의 주제로 결의문을 써보시오.

____

____

____

____

____

큰 소리 표현 훈련
-꿈 속에서 만난 거인

아래 문장을 외워본다. 그리고 밑줄친 단어에 힘을 주고 제스처를 통하여 보다 자연스러운 표현기법을 연출한다. 힘껏 목청 높여 최대한 자유스러운 의사표현능력을 개발해 나간다. 리더는 자신의 안전지대를 넓히고 틀을 깨는 데서부터 모든 일을 출발한다.

나는 어젯밤 높다란 산을 성큼성큼 기어올라갔습니다.

산 정상에는 커다란 바위, 중간크기 바위, 작은 바위들이 빙 둘러 있었습니다.

나는 바위틈을 비집고 엉금엉금 기어올라 제일 높은 정상에서 멀리 바다를 바라보았습니다.

그때 갑자기 나보다 큰 거인이 나타나 내 앞을 가로막고 "야호"하고 소리질렀습니다. 멀리 있는 산들이 일제히 "야호"하고 메아리쳐왔습니다. 나도 거인에게 질세라 더 큰소리로 "야호"하고 소리쳤습니다.

그 때 갑자기 거인이 나의 목을 움켜쥐고 낭떠러지 밑으로 집어던졌습니다.

나는 놀라 잠에서 벌떡 일어났습니다.

믿음의 법칙

▶ 원칙이해하기

- 인간은 믿는 대로 존재한다.
- 믿으면 보인다.
- 자, 눈을 떠라. 네 믿음이 너를 살렸다.(루가 18:42)
- 강한 믿음을 갖고 있는 한 사람의 힘이 관심만 갖고 있는 99명의 힘보다 우월하다.(JhonSturt Mill)

▶ 당신은 무엇을 믿는가? 당신이 신념을 갖고 믿는 것을 모두 써보시오.

▶ 믿음이 당신에게 중요한 이유는 무엇인가, 믿음이 당신에게 무엇을 안겨줍니까?

믿음은 나에게 소중하다. 왜냐하면 ______

▶ 믿음을 강화시키는 방법에는 무엇이 있을까요? 생각나는 대로 써보시오.

▶ 「나는 성공을 믿는다. 왜냐하면 나는 성공한다는 강한 믿음을 갖고 있기 때문이다.」 지금 꿈꾸는 성공과 그것에 대한 믿음에 대하여 토론해 보시오.

▶ 믿음이 강한 사람과 믿음이 없는 사람의 특성을 제시해 본다면 무엇이 있을까요?

믿음이 강한 사람	믿음이 없는 사람
① ② ③ ④ ⑤	① ② ③ ④ ⑤

▶ 나를 오늘까지 이끌어온 믿음에는 무엇이 있습니까?

▶ 위약효과(Placebo)에 대하여 토론해보시오.

3단계

리더는 목표지향적인(AIMING)인 사람이다

S·E·L·F L·E·A·D·E·R·S·H·I·P

셋째 주

목표세우기(Aiming)

목표세우기(Aiming)

훈련개요

리더는 미래지향적이고 목표지향적인 비전을 가져야 한다. 추종자들이 리더를 따르는 것은 확고한 비전을 갖고 있으며, 공동의 목표를 갖고 있기 때문이다. 목표를 세우는 일 자체가 중요한 목표다. 목표를 달성하는 첫 단계는 목표를 세우는 일에서 출발하기 때문이다. 훌륭한 리더십은 비전을 설계하고 비전을 달성하기 위하여 지도력을 발휘하는 데 있다.

목 적

◦ 목표의 중요성을 이해한다.

◦ 비전의 원칙과 전략을 이해한다.

기대효과

◦ 비전을 설계함으로써 긍정적이고 적극적인 사고를 통한 자기혁신을 취할 수 있다.

◦ 비전을 향한 자기계발과 리더십의 향상을 통한 잠재능력을 개발하도록 한다.

Warming Up

훈련에 들어가기에 앞서 비전의 중요성을 깨닫고 비전이 리더십 개발에 왜 중요한지 스스로 자문해 보면서 다음 질문에 간단히 대답해 본다.

1. 나는 비전의 정의를 다음과 같이 말할 수 있다.

____

____

2. 비전이 나에게 중요한 이유는

____

____

____

3. 인간은 꿈을 꾸는 동물이다. 내가 이루고자 하는 꿈은

① 금년 안에______________________________

② 5년 안에______________________________

③ 10년 안에______________________________

④ 일생 동안에______________________________

4. 나는 명확한 비전을 갖고 있다. 혹은 없다.

그 이유는______________________________

____

____

____

장애물 뛰어넘기

많은 사람들이 큰 목표를 세우지만 목표를 달성하기 위해 노력하는 사람은 그리 많지 않다. 목표를 세우는 일과 이를 성취하는 일에는 엄청난 차이가 있다. 비전을 설계하고 달성하는 데 장애요인은 무엇인가 제시해 보고 이를 극복할 수 있는 대안을 찾아본다.

⇓

장애요인	대안
①	①
②	②
③	③
④	④
⑤	⑤

꿈이란 우리가 추구하는 한 모두 현실로 이룰 수 있다.

-월트 디즈니

성공이란 무엇인가

–랠프 왈도 에머슨

자주 그리고 많이 웃는 것.
현명한 이에게 존경을 받고
아이들에게서 사랑을 받는 것.
정직한 비평가의 찬사를 듣고
친구의 배반을 참아내는 것.
아름다움을 식별할 줄 알며
다른 사람에게서 최선의 것을 발견하는 것.

건강한 아이를 낳든,
한 뙈기의 정원을 가꾸든,
사회환경을 개선하든,
자기가 태어나기 전보다
세상을 조금이라도 살기 좋은 곳으로
만들어놓고 떠나는 것.

자신이 한때 이곳에 살았음으로 해서
단 한 사람의 인생이라도 행복해지는 것.
이것이 진정한 성공이다.

Service 장애물 뛰어넘기

스티븐 첸들러는 성공을 가로막은 13가지 거짓말을 고발합니다. 일상생활 속에서 자연스럽게 튀어나오는 거짓말을 성공을 불러오는 13가지 긍정적인 말로 바꾸어 봅시다.

성공을 가로막는 13가지 거짓말	성공을 불러오는 13가지 말
① 하고 싶지만 시간이 없어	①
② 인맥이 있어야 뭘 하지	②
③ 이 나이에 뭘 하겠어	③
④ 왜 내겐 걱정거리만 생기지	④
⑤ 이런 것도 못하다니 난 실패자야	⑤
⑥ 사실, 난 용기가 없어	⑥
⑦ 사람들이 날 화나게 해	⑦
⑧ 오랜 습관이라 고치기 어려워	⑧
⑨ 내가 할 수 있는 일이 아냐	⑨
⑩ 맨정신으로 살 수 없는 세상이야	⑩
⑪ 가만있으면 중간이나 가지	⑪
⑫ 난 원래 이래	⑫
⑬ 상황이 안 받쳐 줘1	⑬

Service 비전(Vision) 설정의 원칙

1. Visualization (비전을 시각화하라)

2. Insight (통찰력을 길러라)

3. Specific (특정한 것에 초점을 맞추어라)

4. Interest (흥미있는 일에 도전하라)

5. Open (머리와 마음을 열어라)

6. Number (수치화하라)

비전을 세우는 원칙

▶ 원칙

- 이 세상에서 가장 한심한 사람은 볼 수는 있지만 비전이 없는 사람이다(헬렌켈러).
- 우리는 같은 하늘 아래에 살고 있다. 그러나 그 지평선은 똑같지 않다(Konard Adenauer).
- 인생이 가치가 없다고 말하는 사람들은 그들 자신이 아무런 가치가 없는 목표를 가지고 있다고 말하는 셈이다(Maxwell Maltz).

▶ 비전이란 무엇인가?

- 비전이란 미래를 미리 내다보는 눈을 갖는 일이다.
- 인간의 가장 높은 이상은 그 자체가 신의 뜻이다(Napolen Hill).

▶ 비전을 쉽게 달성하는 비결

⇒ 비전을 수치화하라

- 언제까지 :
- 무엇을 :
- 얼마큼 :
- 얼마의 투자로 :
- 얼마의 시간으로 :
- 최대한 얼마까지 :

성공에 이르는 원칙

▶ 성공이란 무엇인가? 그 의미를 써보시오.

▶ 나에게 성공은 어떤 의미가 있는가?

▶ 내가 꿈꾸는 성공은 무엇인가?

▶ 나는 성공한 사람인가, 그렇다면 구체적으로 어느 분야에서 성공했는가?

▶ 내가 꿈꾸는 성공을 이루기 위하여 갖추어야 할 요인에는 무엇이 있는가?

▶ 성공하는 데 장애요인이 있다면 그것은 무엇인가?

____

____

____

▶ 성공의 법칙 (Anthony Robbins)

> ① 자신이 원하는 것을 결정하라.
> ② 행동을 취하라.
> ③ 제대로 되고 있는 것과 잘못되고 있는 것을 찾아내라.
> ④ 자신이 원하는 것을 이룰 때까지 접근방법을 바꿔가며 계속하라.

▶ 나는 성공해야 한다. 그것이 내가 존재하는 이유다.

① 어느 분야에서______________________________

② 언제까지______________________________

③ 어떤 방법으로______________________________

④ 나의 성공을 도와줄 수 있는 사람은 누구인가? 모두 적어 보시오.

____

⑤ 나는 성공할 가치가 있다.

그 이유는______________________________

____

____

Service 성공에 이르는 원칙

▶ 원칙1 : 내가 가장 좋아하는 일은 무엇인가?

▶ 원칙2 : 현재 내가 가장 좋아하는 일을 하고 있는가,
못하고 있다면 그 이유는 무엇인가?

▶ 원칙3 : 자신이 좋아하는 일을 할 때 성공이 쉬운 것은 무엇 때문인가?

▶ 원칙4 : 성공하려면 좋아하는 일을 하든가, 열정적으로 할 수 있는 좋은 일을 만들어라.

▶ 당신이 간절히 이루고자 하는 소망은 무엇인가?

▶ 당신이 현재 성취하고자 하는 소망이 이루어졌을 경우 당신 인생에 어떤 변화와 이익이 있겠는가?

①

②

③

④

⑤

▶ 위의 소망을 이루기 위하여 지금 당장 해야 할 일을 모두 써보시오.

Service GOALS(목표)에 이르는 길

-GOLD

-OPPORTUNITIES

-ADVENTURE

-LIMIT

-SPECIFIC

성공방해요인 제거하기

□ 당신의 목표는 무엇인가?

□ 그 목표를 이루는 데 방해요인은 무엇입니까

-내적인 방해요인

-가정적인 방해요인

-외적인 방해요인

-사회적 방해요인

-조직내 방해요인

목표를 빨리 달성하는 원칙

▶ 원칙1 : 당신이 진정으로 원하는 것이 무엇인가.
그 핵심을 찾아라.

▶ 원칙2 : 당신이 원하는 것을 얻기 위해 지금 당장 필요한 준비나 행동은 무엇인가?

▶ 원칙3 : 지금 당장 필요한 것을 전부 갖고 있는가, 없다면 어떻게 얻을 것인가?

▶ 원칙4 : 목표를 이루어나가는 데 어려운 문제들은 무엇인가? 방해요인을 제시해 보시오.

▶ 원칙5 : 당신이 진정으로 원하는 것이 전부 이루어졌다고 가정하고, 그 기쁨을 미리 즐겨라.

성공본뜨기

성공한 사람들에게는 독특한 방법보다는 긍정적이고 열정적인 마음의 자세가 큰 역할을 한다. 지식, 학력, 배경이 아니라 마음의 자세가 성공을 불러온다.

▶ 성공한 사람들이 갖는 특성은 무엇이라고 생각하는가? 중요하다고 생각되는 것을 다섯 가지만 써보시오.

①____________________

②____________________

③____________________

④____________________

⑤____________________

▶ 그동안 나는 어떤 방법으로 성공하기 위해 노력해 왔는가? 옳든 옳지 않던 그동안 고집해 왔던 내 방식이 무엇인지 써보시오.

▶ 성공본뜨기는 나보다 먼저 내가 성공하고자 하는 분야에서 성공한 사람의 생각과 행동, 방법을 배우는 일이다. 성공한 사람들의 공통점은 성공본뜨기의 전문가다. 나는 지금 누구의 성공을 본뜨기를 원하는가? 그리고 성공본뜨기가 왜 중요한지 써보시오.

성공- 미리 맛보기 훈련

평소에 원하던 일이 이루어졌다고 생각하고 성취감과 성공의 기쁨을 현재형으로 표현한다. 자신감있고 기쁨에 넘치는 표현으로 대중에게 정확한 성공의 맛을 전달할 수 있어야 한다.

▶ 발표원칙
- 현재형으로
- 기쁨에 넘쳐서
- 감동을 줄 수 있게

▶ 발표내용
- 성공의 기쁨을 미리 그려보고
- 「나는」을 강조하며

나는____

능력집중의 법칙

▶ 원칙이해하기

- 낙숫물이 바위를 뚫는다.
- 극한기술
- 핵심역량강화
- 20 : 80 법칙

▶ 20 : 80 법칙이해하기

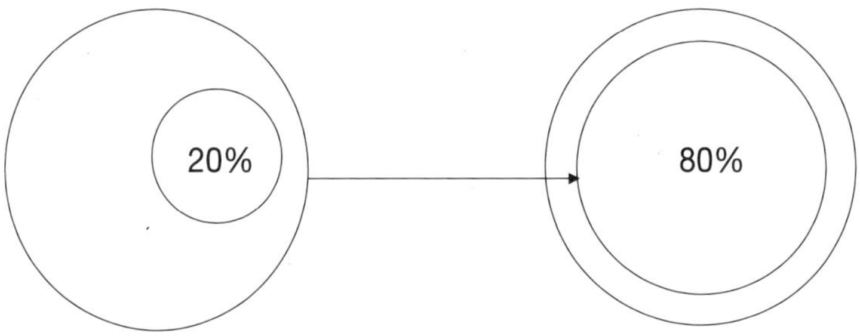

▶ 당신은 무엇에 집중적으로 투자하고 행동합니까?

▶ 당신의 성공을 위해 앞으로 집중적으로 투자해야 할 분야는 무엇입니까?

▶ 한 가지 일에 능력을 집중하여 성공한 사람은 누구입니까? 당신 주변에서 찾아 보고 그 리더의 특성을 써보시오.

핵심역량을 강화시키는 원칙

핵심역량은 리더십의 핵이다. 리더에게 자신의 특성을 알릴 수 있는 핵이 없다면 목표달성과 영향력행사는 불가능하다. 리더로서 자질을 갖추고 비전을 창출해 나가기 위해서 전문분야, 자기분야에서 브랜드화시켜나갈 수 있는 차별화된 능력을 갖는 일이다.

▶ 핵심역량을 위해 발판을 구축하라.

- 핵심역량을 위한 사전분석

• 나는 누구인가? 자신의 존재를 제 3자의 입장에서 분석한다.

↓

• 나의 능력은 무엇인가? 잘하는 일과 못하는 일을 분석하여 대비시켜 본다.

↓

• 내 인생의 목표는 무엇인가? 궁극적으로 이루고자 하는 목표를 분석한다.

↓

• 나는 어떤 일을 하는가? 나의 직업세계와 전문지식 등을 대비시켜 나간다.

↓

• 나의 비전은 무엇인가? 비전을 명확히 설정하고 달성시켜 나가기 위한 방법을 연구한다.

▶ 핵심역량을 강화시키는 원칙

- 핵심역량을 강화시키는 방법

제 1단계 : 못하는 일에 신경 쓰지 않는다. 누구나 잘하는 일보다는 못하는 일이 더 많다. 못하는 일이 많다는 것은 당연한 현실이다.

↓

제 2단계 : 모든 것을 다 잘할 수는 없다. 요즘 사회는 만능지식인을 요구하지 않는다.

↓

제 3단계 : 잘하는 일에 신경쓴다. 자신있게 할 수 있는 일에 대하여 전문성을 길러 나간다.

↓

제 4단계 : 잘하는 일을 더욱 잘할 수 있도록 특성화시켜 나간다. 핵심역량을 강화시켜 나가는 일은 잘 하는 수준을 최고의 경지로 이끌고 가는 일이다.

↓

제 5단계 : 자신의 존재를 브랜드화시킨다. 특정분야는 ○○○, ○○○는 어느 분야의 전문가 인식을 심어줘야 한다.

↓

제 6단계 : 핵심역량을 부와 명예와 연결시킨다. 한 가지만 잘해도 잘 먹고 이름을 날릴 수 있는 시대다.

▶ 핵심역량은 당신에게 어떠한 이익을 안겨주는가?

- 임붕영(주)를 설립하라.

- 당신을 명품 브랜드화시켜라.

- 당신의 생각은?

▶ 당신은 어느 분야에서 핵심역량을 강화시키고 싶은가, 또 그것을 달성하기 위하여 어떤 행동을 취할 것인가?

나의 핵심역량	취해야 할 행동

▶ 핵심역량을 개발하여 성공한 사람들이 당신 주변에 있습니까? 그들은 누구이며 어느 분야에서 성공한 사람들입니까?

MEMO

4단계

리더는 결단력(DECISION)있게 행동하는 사람이다

넷째 주

결단(Decision)하기

S·E·L·F L·E·A·D·E·R·S·H·I·P

결단(Decision)하기

훈련개요

리더십은 결단력이다. 속도의 시대에 신속한 의사결정과 변화태도는 리더십의 핵심이다. 또한 리더에게는 생각의 속도가 요구된다. 우유부단함은 리더의 시야를 흐리게 한다. 적시에 최적의 결단력을 발휘할 수 있는 의지와 변화무쌍한 주변 환경의 변화에 대처해 나갈 수 있는 변화경영의 전문가가 21세기 변화의 시대에 요구되는 리더상이다.

목 적

◦ 신속한 결단으로 의사결정을 원활하게 한다.
◦ 속도의 시대, 변화전문가가 된다.

기대효과

◦ 신속한 결단력은 우유부단함을 깨고 변화의 시대에 적합한 리더십을 발휘하게 한다.
◦ 불확실성의 시대에 순발력있게 비전을 제시하고 잠재능력을 개발하게 한다.

Warming Up

훈련에 들어가기에 앞서 나의 결단력은 어느 정도인지 분석해 보고 다음 물음에 간단히 답해 본다.

1. 나는 결단력이 뛰어난 사람이다.

   그 이유는____

2. 속도의 시대에 리더십을 발휘하는 비결은 생각의 속도에 있다(Bill Gates).

   그 이유는

3. 변화는 피할 수 없는 자연의 법칙이다.

   왜냐하면____

4. 내가 변화하지 않으면 아무 소용이 없다.

   왜냐하면____

장애물 뛰어넘기

문제는 결단력이다. 확고한 결단력만 뒷받침 된다면 어떠한 난관도 극복할 수 있다. 결단력은 리더십의 핵심이기 때문이다. 결단력을 발휘하는 데 장애요인은 무엇이며 이를 극복할 수 있는 대안은 무엇인가?

⇓

장애요인	대안
①	①
②	②
③	③
④	④
⑤	⑤

개인이든 조직이든 변화하고 성장하기 위해서는 패러다임의 변화가 전제되어야 한다.

- Stephen R. Covey

Service 결단력을 향상시키는 원칙

▶ 원칙이해하기

- 문제가 무엇인지 정확히 파악한다.
- 그 문제가 나에게 어떠한 영향을 미치는지 분석한다.
- 어떻게 대처할 것인지 결정한다.
- 즉시 행동에 옮긴다.

▶ 우유부단한 사람들의 특징은 무엇입니까?

①________________

②________________

③________________

④________________

⑤________________

▶ 당신은 결단력 부족으로 리더십을 발휘하는 데 어려움을 겪은 적이 있습니까? 있다면 개인적인 것과 공동체(조직)내에서의 문제로 나누어 설명해 보시오.

① 개인적인 일________________

____

____

② 공동체적인 일________________

____

▶ 지금 당신을 괴롭히고 있는 혹은 반드시 극복해야 할 문제는 무엇입니까?

____

____

____

▶ 그 문제를 해결하는 데 필요한 것은 무엇이라고 생각합니까? 해결방안을 제시해보시오.

___

___

___

▶ 결단력은 변화의 시대에 적응력을 높이고 신속한 의사결정으로 당신을 리더로서 높은 자리로 안내할 것입니다. 지금까지 살아오면서 훌륭한 결단력을 내렸던 적은 어떠한 일이라고 생각합니까? 그것이 당신 인생에 미친 긍정적인 영향은 무엇입니까?

___

___

___

___

▶ 결단력을 향상시키는 원칙에는 무엇이 있습니까? 당신의 일상생활 주변에서 발견할 수 있는 것들을 제시해 보시오.

①___

②___

③___

④___

⑤___

⑥___

⑦___

⑧___

⑨___

⑩___

▶ 은환이의 우유마시는 결단

___

___

___

변화의지를 향상시키는 원칙

▶ 원칙이해하기

- 변해야 산다.
- 나부터 변하자.
- 내가 변하지 않으면 아무 소용이 없다.
- 변하지 않는 것은 모든 것은 변한다는 사실이다.

▶ 21세기 정보화사회는 변화의 시대입니다. 변화의 중요성을 설명해 보시오. 또한 변화는 나에게 어떠한 의미가 있습니까?

① 변화의 중요성 -____

____

____

② 변화의 의미 -____

____

____

▶ 찰스다윈의 변화론 - 적응론

▶ 다음 문장을 크게 외쳐 보시오.

나는 변화를 사랑한다.
그러므로 나는 변화한다.

▶ 성공적인 변화가 당신에게 준 사례는 무엇입니까?

① 언제____

② 어떤 일에서____

③ 변화내용____

④ 나에게 미친 영향______________________________________

⑤ 만약 그 당시 변화하지 못했다면_________________________

____

▶ 변화의 4단계 전략

1단계 : 변하겠다는 의지
2단계 : 변화의 흐름 분석
3단계 : 변화의 총체적 관리
4단계 : 변화의 전문가로 변화

▶ 사람들이 쉽게 변화하지 못하는 것은 안전지대에 머물기를 좋아하기 때문입니다. 당신에게 변화를 어렵게 만드는 요인에는 무엇이 있나요?

____

____

▶ 변화의지를 향상시키는 원칙에는 무엇이 있나요?

____

____

____

____

____

____

안전지대를 넓히는 원칙

▶ 원칙이해하기

- 인간은 습관의 결과물이다.
- 습관은 개선될 수 있다.
- 습관의 변화를 가로막는 장애물을 제거하라.

▶ 안전지대 틀깨기

- 편안함에 안주하기
- 익숙함에 젖어있기
- 항상성에 만족하기
- 경직된 사고에 젖어 있기

▶ 안전지대와 가능성

- 당신이 익숙한 일에 놀아날수록 더 큰 가능성은 사라진다.
- 안전지대의 능력은 ( )%

  가능성의 능력은 ( )%

▶ 당신이 늘 익숙하고 안전지대에 묶여 있는 일들은 주로 어떠한 일들인가? 그것이 오히려 가능성을 가로막는다고 생각하지 않는가?

▶ 경험에서 배우기

- 당신은 언제 틀에 박힌 사고에서 벗어난 적이 있는가?

① 언제________________________________

② 어떠한 일____________________________

③ 그것이 준 효과________________________

- 안전지대에서 벗어나지 못해 기회를 놓친 적은 없는가?

① 언제________________________________

② 어떠한 일____________________________

③ 그것이 준 효과________________________

▶ 안전지대가 넓어질수록 당신 인생에는 어떠한 이익이 있는가?

①____________________________________

②____________________________________

③____________________________________

④____________________________________

⑤____________________________________

▶ 안전지대를 넓히는 원칙에는 무엇이 있는가?

①____________________________________

②____________________________________

③____________________________________

④____________________________________

⑤____________________________________

리더십 벤치마킹

▶ 다음 글을 읽고 결단력의 중요성을 토론해 봅시다.

〈밥 한 그릇〉

회사 일이 뜻대로 되지 않자 두 젊은이가 직장을 그만두어야 할지 말아야 할지 스승을 찾아가 의견을 물었다. 스승은 눈을 감고 아무 대답이 없었다. 그렇게 반나절이 지나자 스승은 한 마디를 던졌다. "밥 한 그릇일 뿐이다."

스승은 잘 가라고 손을 흔들었다. 회사에 돌아오자마자 한 젊은이는 사직서를 던지고 고향으로 돌아갔고 한 젊은이는 그대로 회사에 남았다.

눈 깜짝할 사이에 10년의 세월이 흘렀다. 고향으로 돌아가 농사를 지었던 젊은이는 현대적인 농업기술을 받아들이고 품종개량에 힘써 농업전문가가 되었다. 또 회사에 남아 있던 젊은이는 화가 나도 참고, 열심히 일하며 틈틈이 공부해서 그 회사의 사장이 되어 있었다.

어느 날 두 사람은 길에서 우연히 마주쳤다.

"그 날 선생님이 '밥 한 그릇일 뿐이다'라고 하셨을 때 나는 하루하루가 견디기 힘들다면 구태여 그 일을 꼭 붙잡고 있을 필요가 있겠느냐로 들리더군. 그래서 회사를 그만 두었네만 자네는 왜 그냥 있었는가?"

"내게는 선생님 말씀이 아무리 힘들고 피곤해도 밥 한 그릇을 벌기 위해서이니 사장이 무슨 말을 든, 무슨 일을 시키든 참고 다른 사람과 비교하지 말라는 것처럼 들렸거든. 정말 이상하지! 선생님은 우리에게 똑같이 '밥 한 그릇일 뿐이다'라고 말하셨는데…."

결국 두 사람은 스승을 찾아가 그 말이 무슨 뜻인지를 물어보았다. 늙은 스승은 여전히 눈을 감고 아무 말도 없었다. 그리고 반나절만에 또 한 마디를 던졌다. "한갓 생각일 뿐이다." 그리고는 역시 잘 가라고 손을 흔들었다.

(좋은생각 중에서)

⇓

결단력이 왜 중요할까?

변화의 원칙

▶ 변화의 동기

▶ 변화는 피할 수 없는 자연의 법칙이다.

▶ 변화의 정의

- 우리가 그대로 남아 있는 한 우리는 우리가 원하는 사람이 될 수 없다(John C. Maxwell).
- 조직을 변화시키고 국가를 개혁하며 더 나아가 세계를 변화시키는 일은 당신 자신을 바꾸는 간단한 일에서부터 시작된다(Anthony Robins).
- 변화란? (당신의 정의를 쓰시오.)

▶ 변화의 원칙

- 변해야 산다.
- 나부터 변한다.
- 지금 당장 변한다.

▶ 지금 당장 당신 자신이 변화해야 할 요인은 무엇입니까?

신체적	
정신적	
사회적	
경제적	

▶ 성공적인 변화가 당신에게 어떤 영향을 미쳤습니까? 혹은 변화하지 못해서 후회되는 일은 무엇입니까?

변화훈련

인생은 변화의 연속이다. 변화하지 않는 것은 아무것도 없다. 속도의 시대에는 변화의 속도 또한 빨라야 한다. 변화하지 않는 것은 오직 한 가지 「모든 것은 변화한다」는 것이다. 세상이 변화하는 것이 아니라 내가 변화하는 것이다.

▶ 변화의 필요성을 설명해 보시오.

____

____

▶ 변화의 법칙

- 변화 = 성장이다. 지금 당장 변화한다는 의지를 갖는다.
- 변화내용을 구체적으로 적어본다.
- 내가 변화하지 않으면 세상은 변화하지 않는다는 원칙을 적용한다.

▶ 성공적인 변화가 나에게 미친 효과는 무엇입니까? 구체적인 사례를 들어 설명해 보시오.

____

____

____

▶ 변화하지 못해서 후회되는 일이 있다면 무엇입니까? 구체적인 사례를 들어 설명해 보시오.

____

____

____

성공에 이르는 나만의 원칙

▶ 원칙 : 인생을 성공으로 이끌어 주는 요인은 무엇이라고 생각하는가? 당신이 성공적인 인생을 만들어가기 위해 취해야 할 요인을 중요도에 따라 제시해 보고 그 이유와 그것을 이루기 위한 방법을 써보시오.

성공요인	중요한 이유	달성방법
1)		
2)		
3)		
4)		
5)		

▶ 토론하기

- 당신의 인생이 성공에 이르는 데 어려움을 주는 장애물에는 무엇이 있는가? 가장 큰 방해요인부터 5가지만 제시해 보시오.

변화 관리 → 새로운 나 창조

▶ 변화의 중요성

변화는 미래를 창조하고

변화는 자신을 개혁하고

변화는 인생의 기준을 높이고

변화는 나의 (   )을 바꾼다.

▶ 성공적인 변화의 원칙

1. 지금 당장 변한다는 의지를 갖는다.
2. 변화하지 않음으로써 발생하는 문제를 분석한다.
3. 인생은 끊임없는 변화의 과정임을 깨닫는다.
4. ______________________________

▶ 변화를 방해하는 장애요인

1. ______________________________
2. ______________________________
3. ______________________________
4. ______________________________
5. ______________________________

패러다임을 변화시키는 원칙

개인이든 조직이든 변화와 성장은 패러다임의 변화를 전제로 한다. 인류 역사의 변화도 패러다임의 변화를 의미한다. 리더로서 나는 어떠한 패러다임을 갖고 있으며 패러다임을 어떤 방향으로 변화시켜 나갈 것인가 답변해 보시오.

⇓

1. 패러다임이란 무엇인가 정의를 써보시오.

2. 패러다임의 변화가 왜 중요한가?

3. 과거나 현재에 이르기까지 패러다임을 획기적으로 변화시킨 사례가 있으면 써보고 그것이 나의 리더십에 어떠한 영향을 미쳤는지 써보시오.

4. 패러다임을 변화시키는 데 어려운 점은 무엇입니까?

리더십과 패러다임의 변화

리더십은 낡은 패러다임을 변화시키는 데서 출발한다. 주변환경의 변화에 대처해 나가고 바람직한 리더십을 향상시켜 나가기 위하여 버려야 할 패러다임과 지향해야 할 패러다임에는 어떤 것들이 있는가? 스스로 진단해 보시오.

⇓

낡은 패러다임

추구해야 할 패러다임

바람직한 리더상

생각의 법칙

▶ 원칙이해하기

- 영웅은 아이디어를 가진 사람이다(Jack Welches).
- 인간은 생각하는 대로 존재한다.
- 모든 사람들이 세상을 바꾸겠다고 생각하지만 어느 누구도 자기 자신을 바꿀 생각은 하지 않는다(톨스토이).
- 생각하라. 그러면 부자가 될 것이다. 생각하는 것이 재산이다(Napoleon Hill).

▶ 생각이 바뀌면 인생이 바뀐다. (John C. Maxwell)

- 1단계 : 생각을 바꾸면 믿음이 바뀐다.
- 2단계 : 믿음이 바뀌면 기대가 달라진다.
- 3단계 : 기대가 달라지면 태도가 달라진다.
- 4단계 : 태도가 달라지면 행동이 달라진다.
- 5단계 : 행동이 달라지면 실력이 달라진다.
- 6단계 : 실력이 달라지면 인생이 달라진다.

▶ 생각의 법칙이해하기

생각의 틀을 깨라.

⇓

생각의 질을 높여라.

⇓

제한된 믿음을 바꾸어라.

⇓

생각의 초점을 바꾸어라.

⇓

긍정적으로 생각하라.

▶ 생각의 질을 높이는 훈련

- 「생각하라. 그러면 운명이 바뀔 것이다.」라고 매일 암기한다.
- 생각하라. 당신이 무엇을 생각하든 그 생각의 굴레에서 벗어날 수 없다고 외쳐라.
- 생각의 틀을 깨라는 평범한 진리를 마음에 담아라.

▶ 생각의 체험 발표

- 당신이 살아오면서 생각했던 것 중에서 뛰어난 아이디어, 혁신적인 것, 인생의 변화를 준 것들은 무엇인지 써보시오.

5단계

리더는 열정적으로(ENTHUSIASM) 살아가는 사람이다

S·E·L·F L·E·A·D·E·R·S·H·I·P

다섯째 주

열정적(Enthusiasm)으로 살아가기

S·E·L·F L·E·A·D·E·R·S·H·I·P

열정적(Enthusiasm)으로 살아가기

훈련개요

리더는 열정적으로 생각하고 행동하는 사람이다. 리더십은 마음속 깊은 곳으로부터 자연스럽게 우러나오는 것으로 열정은 리더십의 샘과 같다. 훌륭한 리더는 지식에만 의존하지 않고 열과 정에 의존하여 창의적인 사고, 아이디어를 통한 리더십을 발휘한다. 열정은 또한 주변 사람을 리드하고 영향력을 행사하는데 길잡이가 될 수 있다.

목 적

◦ 열정적으로 생각하고 행동하는 습관을 기른다.
◦ 열정적인 리더십을 발휘하여 무한한 잠재능력을 개발한다.

기대효과

◦ 열정적인 태도는 성공적인 삶을 가꾸어가며 성공한 사람들의 공통점인 열정적인 리더십을 배운다.
◦ 열정적인 비전창출을 가능케 하며 리더의 자질과 자신감을 갖게 한다.

Warming Up

훈련에 들어가기에 앞서 나는 열정적인 사람인가 자문해 보고 다음 질문에 간단히 답변해 본다.

1. 리더로서 나는 열정적이다. 특히 다음과 같은 면에서 나는 열정적이다.

   ①____

   ②____

   ③____

   ④____

2. 리더에게 열정이 요구되는 이유는 무엇입니까?

   ①____

   ②____

   ③____

   ④____

3. 열정은 어떠한 특성이 있습니까?

   ①____

   ②____

   ③____

   ④____

4. 열정적인 리더들의 특성은 무엇입니까?

   ①____

   ②____

   ③____

   ④____

Service 장애물 뛰어넘기

열정적으로 살아가는 데 어려움은 무엇인가 분석해 보고 이를 극복하고 리더로서 성공적인 삶을 살기 위한 대안을 제시해 보시오.

⇓

장애요인	대안
①	①
②	②
③	③
④	④
⑤	⑤

최고의 경쟁력은 열정이다.

- Jack Welches

열정을 높이는 원칙

▶ 원칙이해하기

- 열정만 있다면 못할 일이 없다(랄프 왈드 에머슨).
- 열정은 잠재의식을 깨우는 힘이다.
- 지식보다 중요한 것은 열정이다.

▶ 열정(Enthusiasm)이란 무엇인가?

___

___

___

___

▶ 열정은 신체적, 정신적으로 어떠한 반응을 불러내는가?

___

___

___

___

▶ 매일 아침 다음의 글을 큰 소리로 읽고 행동으로 연기한다.

> 나는 열정적으로 생각한다.
> 나는 열정적으로 행동한다.
> 그러므로 나는 열정적인 사람이다.

▶ 당신 인생에서 열정적으로 생각하고 행동해서 얻은 사례가 있다면 그것은 무엇입니까? 또 그때 당신의 느낌을 솔직하게 말해보시오..

____

____

____

____

▶ 당신 주변에서 열정적으로 살아가고 있는 리더는 누구입니까? 그는 어느 면에서 열정적이고 당신이 받은 영향들은 무엇입니까?

____

____

____

____

▶ 다음 글을 완성해 보시오.

나는 열정적인 사람이다. ____________________
____
왜냐하면 ____________________________
____
____
그러므로 나는 열정적인 사람이다. __________

▶ 당신 인생에 열정을 높여나가는 원칙에는 무엇이 있습니까?

① ____

② ____

③ ____

④ ____

▶ 당신의 EQ는 어느 수준인가?

→당신의 신체는 36.5℃

→하지만 당신의 열정지수는 (   )℃

▶ 유능한 리더의 조건

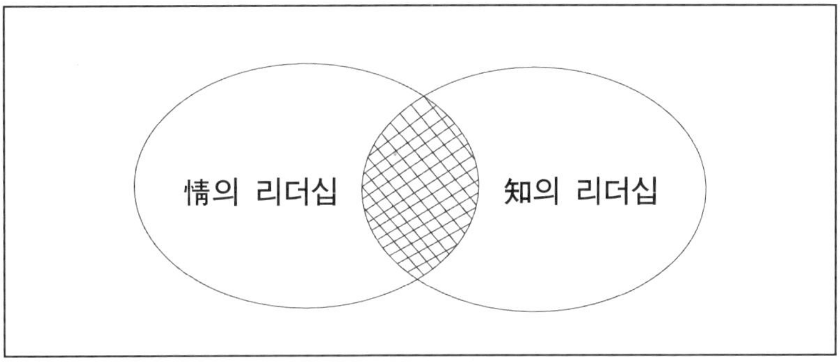

▶ 열정은 감염된다. 당신이 리더로서 열정지수가 높으면 분명히 당신은 주변 사람을 감염시키게 될 것이다. 당신이 타인을 감염시킨 사례나 혹은 타인으로부터 감염된 사례는 무엇입니까?

① 타인을 감염시킨 사례

____

____

____

② 감염 받은 사례

____

____

____

▶ 열정은 당신의 신비를 벗겨줄 것이다. 열정은 당신의 문을 여는 비밀번호다. 열정이 당신에게 왜 중요한 지 설명해 보시오.

▶ 네 우물의 물을 마셔라.
네 샘에서 솟는 물을 마셔라(잠언 5 : 5).

▶ 열정은 성공하는 사람들의 무기다. 열정이 없이 이루어진 일은 없다. 열정은 기적을 낳는다. 열정적으로 살아가겠다는 자신과의 약속을 하시오.

▶ 열정적인 에너지를 가로막는 요인에는 무엇이 있습니까? 당신 주변을 둘러보고 열정적으로 살아가는 데 장애가 되는 것을 모두 써보시오.

Service 열정발표 계획서

분 야	목 표	열정적 방법
개 인		
가 정		
직 장		
사회 생활		
건 강		

리더십을 향상시키는 질문법

원칙1 : 아이는 질문을 통하여 배운다.
원칙2 : 리더는 스스로 질문함으로써 답을 얻는다.
원칙3 : 질문하라. 그러나 답할 필요는 없다. 질문한 것만으로도 충분한 답이다.

▶ 매일 하루 한 번 이상 다음과 같은 질문을 한다.

1. 나는 누구인가? 나는 어디에 있으며 어디로 가고 있는가.

2. 내가 행복을 느끼는 것은 무엇인가? 무엇이 나를 행복하게 만드는가?

3. 내가 소중하게 느끼는 것은 무엇인가? 무엇에 집착하고 있는가?

4. 나는 누구를 만날 때 기분이 좋은가? 누가 나를 기분좋게 만드는가?

5. 내가 살아가면서 감사하게 느끼는 것은 무엇인가? 무엇이 나를 감사하게 만드는가?

6. 나는 내가 좋아하는 일을 하고 있는가? 내가 좋아하는 일은 무엇인가?

7. 나는 살아가면서 무엇을 믿는가? 무엇이 나에게 믿음을 주는가?

____

____

8. 나는 무엇을 하고 싶은가? 무엇이 나에게 충동질 하는가?

____

____

9. 나는 어떻게 살고 싶은가? 어떻게 사는 것이 보람있는가?

____

____

10. 나는 살아가면서 무엇에 감사하는가? 무엇이 나로 하여금 감사하게 만드는가?

____

____

11. 나는 궁극적으로 어떠한 사람이 되고 싶은가?

____

____

영향력을 증대시키는 원칙

▶ 개요

리더십은 영향력이다. 영향력의 행사를 통하여 리더의 자질은 증대된다. 모든 일의 성패는 리더십에 달려있고 리더십은 영향력을 통하여 전달된다.

▶ 원칙

- 리더는 태어나는 것이 아니라 만들어지는 것이다.
- 농구팀 성적이 좋지 않을 때 ⇒ (　　)를 교체한다.
- 팀 전체가 문제가 있을 때 ⇒ (　　)을 바꾼다.
- 모든 사람은 누군가에게 영향을 주고 누군가로부터 영향력을 받는다.

▶ 영향력 증대를 위해 오늘부터 당장 실천할 수 있는 일 5가지만 적어보시오.

①______________________________

②______________________________

③______________________________

④______________________________

⑤______________________________

▶ 리더에게 영향력은 왜 중요합니까? 그 이유를 써보시오.

▶ 나는 오늘부터 영향력의 행사를 통하여 리더십을 향상시키겠다는 결심을 해보시오.

▶ 당신 주변에 영향력이 뛰어난 리더는 누구입니까? 그는 어떻게 리더십을 발휘한다고 생각합니까? 그에게서 배울 수 있는 점은 무엇입니까?

영향력이 뛰어난 리더	리더십의 발휘	교훈

▶ 영향력발휘를 통하여 성공적인 인간관계나 성취감을 경험한 사례가 있으면 설명해 보시오.

▶ 당신 인생에 가장 큰 영향력을 미친 사람은 누구라고 생각합니까?

▶ 「Air force one」의 영향력 행사기법

▶ 당신은 하루에 보통 몇 명의 사람들을 만납니까? 그들에게서 받는 영향력은 무엇이고 그들에게 미치는 당신의 영향력은 무엇입니까?

아리스토텔레스의 영향력 발휘 시스템

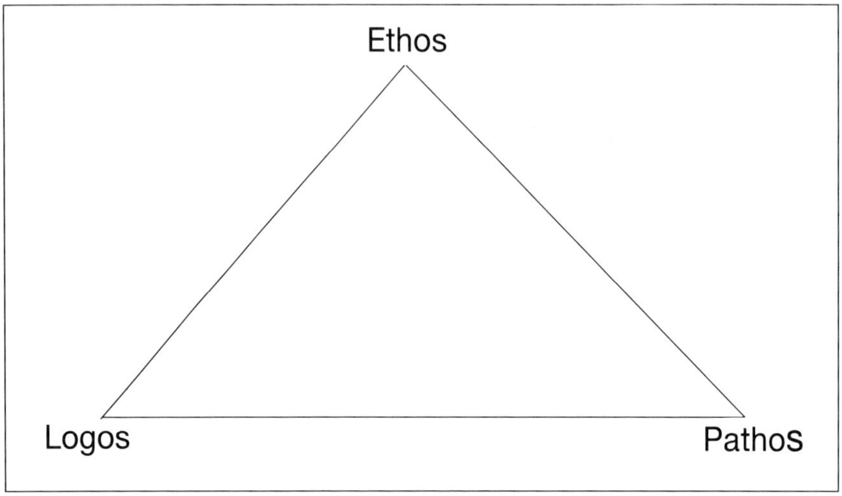

⇓

당신의 영향력 발휘 시스템

⇓

1. 나의 Logos 수준은?

____

____

2. 나의 Pathos 수준은?

____

____

3. 나의 Ethos 수준은?

____

____

리더는 부자다

▶ 원칙1 : 리더는 많은 것을 갖지 않아도 부자라고 생각하는 여유있는 사람이다.

▶ 원칙2 : 리더는 소유에 집착하지 않고 현재 갖고 있는 것을 즐길 줄 아는 사람이다.

▶ 원칙3 : 리더는 세상을 머리에 담지 않고 마음에 담을 줄 아는 사람이다.

▶ 가설1 : 나는 부자다. 왜냐하면 나는______________________________

____

____

____

▶ 가설2 : 나는 남들이 갖지 못한 것을 많이 갖고 있다.

____

____

____

____

▶ 가설3 : 리더는 비움으로써 부자가 된다.

____

____

____

____

리더로서 부자가 되는 원칙

▶ 원칙1 : 부자처럼 생각하고 부자처럼 행동하라.

▶ 원칙2 : 항상 부자의 줄에 서라.

▶ 원칙3 : 나는 부자라고 인정해 주어라.

▶ 원칙4 : 돈이 부자를 만들어 준다는 생각을 버려라. 욕망을 키워라.

▶ 원칙5 : 당신을 부자로 안내해 줄 이웃을 찾아라.

---

1. 부자의 개념을 써보시오. 당신에게 부자는 어떤 의미가 있는가?

____

____

____

____

____

2. 당신은 이미 부자가 되었다. 원하는 만큼의 돈과 안정과 여유를 얻었다. 이제 당신은 무엇을 할 것인가? 당신이 하고 싶은 일을 모두 적어 보시오.

____

____

____

____

____

▶ 다음 글을 읽고 당신의 생각을 말해보시오.

초나라에 혜왕이란 군주가 있었다. 어느 날 정사를 마치고 수라상을 마주하였는데, 생나물무침을 먹으려고 젓가락을 가져간 순간 거머리가 나물무침 위에서 꿈틀거리는 것이 아닌가. 혜왕은 순간 누가 보기라도 할까 싶어 즉시로 그, 거머리를 입안에 넣고는 눈을 질끔 감고 삼켜버렸다. 이내 배탈이 나서 더는 먹을 수가 없었다. 수라상을 물리자 영운이란 신하가 입궐했다. 그가 혜왕께 묻기를,

"전하께서 어쩌다가 배탈이 나셨습니까?"

왕이 이르기를,

"생나물무침을 먹으려고 하는데, 거기에 거머리 한 마리가 있었소. 그 잘못을 가려 죄를 묻자면, 수랏간 상궁과 수라의 맛을 감별하는 상궁 등 여러 사람이 법에 따라 마땅히 죽음을 면치 못합니다. 그건 짐이 차마 할 수 없는 짓이오. 그렇다고 그 죄를 묻지 않는다면, 나라의 법과 짐의 위엄이 서지 않아 어찌 이 나라를 통치할 수 있겠소. 그래서 누가 보기 전에 그 거머리를 입에 넣고는 그대로 삼켜버렸소."

영운이 왕의 말을 듣고는 자리에서 일어나 큰절을 두 번 하며 아뢰길,

"경하드리옵니다. 신이 듣자옵기는 '하늘의 도(天道)는 사사로움이 없어 오직 德(덕)있는 사람을 도울 뿐'이라 하였사옵니다. 전하께옵선 어진 덕(仁德)이 있사오니, 하늘이 전하를 도우시어 설혹 병이라 할지라도 전하의 옥체를 상하게 할 수는 없을 것입니다."

그날 저녁에 왕이 변을 보았는데, 그 변에 거머리도 함께 나왔다. 그런데 그 거머리가 뱃속에 있던 오래 묵은 병독들을 다 빨아들이고는 함께 빠져나와 그동안 괴롭혔던 지병이 이내 나아버렸다.

출처 : 유향 작 新

▶ 위 글을 읽고 느낀 점을 토론해 보시오.

다음 단어들은 리더의 특성을 나타내 주는 의미가 있다. 다음 단어의 정의를 써보시오. 답을 쓰려하지 말고 본인의 솔직한 의견을 쓰면 된다. 그리고 리더로서 나는 어떤 수준을 갖고 있는가 스스로 평가해 본다.
(뛰어남은 3, 보통은 2, 부족함은 1로 평가함)

리더의 특성	정 의	Self - test
열 정		3 2 1
신 념		3 2 1
학 습		3 2 1
변 화		3 2 1
영 향 력		3 2 1
위험감수		3 2 1
도 전		3 2 1
혁 신		3 2 1
비 전		3 2 1
창 의 성		3 2 1
팀 워 크		3 2 1
신 뢰		3 2 1
격 려		3 2 1
용 기		3 2 1
정 직		3 2 1

리더의 특성	정 의	Self - test
성 실 성		3 2 1
능 력		3 2 1
봉 사		3 2 1
성 취 욕		3 2 1
권한위임		3 2 1
공 정 성		3 2 1
솔선수범		3 2 1
독 립 성		3 2 1
배 려		3 2 1
포 용 력		3 2 1
설 득 력		3 2 1
유 연 성		3 2 1
커뮤니케이션		3 2 1
스테미너		3 2 1
판 단 력		3 2 1
자 신 감		3 2 1
독 립 성		3 2 1
대인관계기술		3 2 1

비움의 법칙

▶ 원칙이해하기

- 비워야 담는다.
- 버려야 얻는다.
- 사소한 일에 목숨걸지 마라.
- 배부른 것이 제일 무섭다.

▶ 당신이 지금 당장 버려야 할 것들을 써보시오. 그 순간부터 당신은 넘쳐날 것입니다.

① ______________________________
② ______________________________
③ ______________________________
④ ______________________________
⑤ ______________________________
⑥ ______________________________
⑦ ______________________________
⑧ ______________________________
⑨ ______________________________
⑩ ______________________________

▶ 비워야 하는 데 장애요인이 있다면 무엇일까요?

____
____
____
____

▶ 갈대가 울 수 있는 이유는 무엇이라고 생각합니까?

▶ 사소한 일에 목숨을 걸기 때문에 성공에 이르지 못합니다. 지금 당신은 분명 사소한 일에 발목잡혀 있습니다. 그것들을 모두 써보시오.

▶ 비워야 담습니다. 비우기 위한 원칙을 제시해 보시오.

▶ 비우지 못해서 실패한 적이 있습니까? 무엇인지 써보시고 왜 그때 당시 비우지 못했는지 이유를 찾아보시오.

▶ 비워서 성공한 적이 있습니까? 그 사례를 써보시오.

MEMO

6단계

리더는 책임감(RESPONSIBILITY)이 충실한 사람이다

S·E·L·F L·E·A·D·E·R·S·H·I·P

여섯째 주

책임감(Responsibility)갖기

S·E·L·F LEADERSHIP

책임감(Responsibility)갖기

훈련개요

리더는 책임감에 충실할 때 훌륭한 리더십을 발휘할 수 있다.

책임감은 리더십을 완성시키는 내적인 힘이다. 우선 자신에 대한 책임감에서 타인, 가정, 직장, 사회, 인류에 대한 리더로서 책임의식을 갖고 주어진 환경을 극복해 나가는 일이 리더로서 갖추어야할 자질이다. 책임감은 주인의식에서 나오며 리더십을 한 단계 높여나가는 가교역할을 한다.

목 적

◦ 책임감을 통해 리더십을 발휘하게 한다.
◦ 리더로서 자기업무에 충실하게 한다.

기대효과

◦ 리더는 타인에게 영향력을 행사할 수 있는 위치에 있는 사람으로서 책임감과 주인의식을 통해서 리더십을 발휘할 수 있다.
◦ 책임감을 통해 리더의 신뢰감을 높이고 리더십을 한 단계 높여 나간다.

Warming Up

리더로서 나는 책임의식이 뛰어난가, 주어진 일에 충실한가, 리더십은 업무관계를 향상시킬 때 빛난다. 다음 물음에 간단히 답해봅시다.

1. 나는 리더로서 책임감이 뛰어난가?

2. 리더에게 책임감이 중요한 이유는 무엇인가?

3. 책임감은 자신의 업무와 주변환경에 충실한 사람이다. 나는 그런가? 혹은 그렇지 않은가?

4. 책임감이 뛰어난 리더는 주변사람들에게 신뢰감을 준다. 신뢰감이 리더에게 미치는 영향은 무엇인가?

장애물 뛰어넘기

책임감은 리더십의 핵심이다. 하지만 쉽게 달성할 수 없는 과제이기도 하다. 책임감을 통한 리더십을 발휘하는 데 어려운 점은 무엇이며, 이를 극복할 수 있는 대안에는 무엇이 있는가?

⇓

장애요인	방 안
①	①
②	②
③	③
④	④
⑤	⑤

책임감을 증대시키는 원칙

▶ 원칙이해하기

-책임감은 리더십을 완성한다.

-리더는 솔선수범하는 데서 기량을 발휘한다.

-자신이 하기 싫은 일을 타인에게 바라지 말아라.

▶ 책임감 = 주인의식이다. 주인의식이 투철한 사람과 월급쟁이 사고방식을 갖고 있는 사람과의 차이는 성공과 실패의 차이만큼 크다. 주인의식이 투철한 사람과 월급쟁이로 살아가는 사람의 차이점을 설명해 보시오.

-주인의식이 투철한 사람은?

____

____

-월급쟁이 신분으로 사는 사람은?

____

____

▶ 책임감 = 성공의 첫 단계이다.

책임감이 확고한 사람들의 특성을 제시해 보시오.

____

▶ 책임감 = 신뢰감을 준다.

책임감은 리더십의 핵심이다. 당신의 책임의식이 분명해서 리더십을 발휘하고 성공한 사례는 무엇입니까?

____

____

▶ 당신은 무엇에 대하여 책임감을 갖고 있습니까? 다음의 각각에 대하여 가장 큰 책임은 무엇입니까? 그리고 이를 위해 취해야 할 행동은 무엇인지 설명해 보시오.

책임감을 가져야 할 대상	책 임 감	취할 행동
자 신		
가 정		
직 장		
사 회		
이 웃		
인 류		

▶ 책임감을 통한 리더십을 향상시키는 원칙에는 무엇이 있는가 제시해 보시오.

▶ 리더는 책임감 완수를 통하여 리더십을 발휘할 수 있습니다. 다음 각 분야에 대하여 구체적으로 어떠한 일을 추진하여야 할지 당신의 생각을 써보시오.

- 건강:
- 부:
- 이미지:
- 명예:
- 영향력:
- 인정받기:
- 마음의 안정:
- 행복:
- 승진:

▶ 리더로서 책임감을 통감하고 앞으로 책임감을 증대시키기 위한 의지를 서약하시오.

환경을 극복하는 원칙

리더는 주변환경을 극복하고 훌륭한 리더십을 개발해야 할 책임이 있다. 자신의 환경을 분석하고 리더십을 완성해 보시오.

리더의 환경

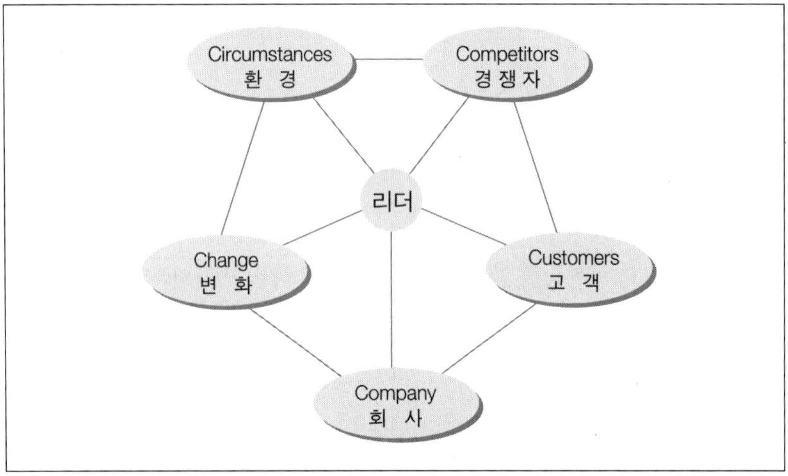

리더십 개발

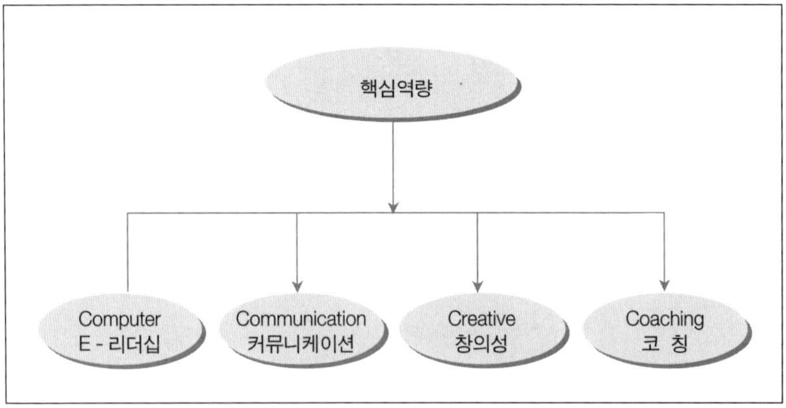

앞의 그림에서 제시하고 있는 바와 같이 리더의 역할과 리더십 개발을 10C 모델이라 부르자. 10C 모델에 따라 자신의 역할과 리더십 개발을 스스로 테스트해 봅시다.

1. 환경(Circumstances)

① 환경의 정의를 다시 한번 써보시오.

② 자신을 둘러싸고 있는 주변환경요인을 설명해 보고 SWOT기법에 의하여 자신의 약점, 위협, 기회요인은 무엇인지 써보시오.

③ 어려운 환경을 극복한 사례가 있으면 당시의 상황을 써보시오.

④ 어려운 환경을 극복하지 못해서 실패한 사례가 있다면 설명해 보시오.

⑤ 자신이 알고 있는 리더 중에서 어려운 환경을 극복하여 리더로서 존경받고 있는 사람이 있다면 누구인지 밝히고 그 이유를 설명하시오.

2. 경쟁자(Competitor)

① 나의 경쟁자는 누구인가 구체적으로 제시해 보시오. 그리고 왜 나의 경쟁자인지 설명해 보시오.

② 경쟁자는 나에게 어떤 의미가 있는가?

③ 경쟁자와의 관계를 어떻게 맺어 나가는 것이 바람직하다고 보는가?

④ 내 인생에 가장 큰 성장의 계기 혹은 교훈을 준 경쟁자는 누구이며 그 이유는 무엇인지 설명해 보시오.

⑤ 리더에게 경쟁자가 중요한 이유는 무엇인가?

3. 고객(Customer)

① 고객은 리더에게 어떤 의미가 있으며 왜 중요한가?

② 고객의 가치를 설명하시오.

③ 서비스 리더로서 고객에게 할 수 있는 일은 무엇인가?

④ 고객을 통해서 내 업무나 직장생활에 도움이 된 사례는 무엇인가?

⑤ 고객만족의 정의를 써보시오.

4. 회사(Company)

① 회사의 정의를 써보시오.

② 회사가 나에게는 어떤 의미가 있으며 중요한 이유를 써보시오.

③ 리더로서 몸담고 있는 회사에 대한 나의 충성도를 고백해 보시오.

④ 내가 몸담고 있는 회사의 비전을 제시해 보시오.

⑤ 내가 회사에게 할 수 있는 일은 무엇인지 구체적으로 써보고 그것이 나에게 어떤 의미가 있는지 설명해 보시오.

5. 변화(Change)

① 나를 변화시키는 것들은 무엇인가, 우선순위로 5가지 이상 쓰시오.

② 리더에게 변화가 중요한 의미는 무엇인가?

③ 내 인생이 변화해야 하는 이유를 구체적으로 설명해 보시오.

④ 앞으로 1년 안에 꼭 변화하고 싶은 것은 무엇인가?

⑤ 변화를 성공적으로 이루어낸 리더를 알고 있다면 그가 누구인지? 밝히고 그에게서 벤치마킹할 수 있는 점은 무엇인지 써보시오.

6. 핵심역량(Core competence)

① 핵심역량의 정의를 써보시오.

② 리더로서 나의 핵심역량은 무엇인가? 우선순위로 세 가지만 써보시오.

③ 리더에게 핵심역량이 중요한 이유는 무엇인가?

④ 가장 존경하는 리더를 밝히고 그가 가지고 있는 핵심역량은 무엇인지 제시하시오.

⑤ 핵심역량과 리더십은 어떤 관계가 있는가?

7. 컴퓨터(Computer)

① 나의 컴퓨터 실력은 어느 수준인가?

② 나의 E-leadership 능력은 어느 정도인가?

③ 고객관리 차원의 E-service 기술은 어느 정도인가?

④ 사이버 비즈니스(Cyber business)마인드가 리더에게 중요한 이유는 무엇인가?

⑤ 인터넷 서비스 마케팅이 고객만족에 어느 정도 기여할 수 있는가?

8. 커뮤니케이션(Communication)

① 커뮤니케이션의 정의를 써보시오.

② 리더에게 커뮤니케이션 능력이 중요한 이유는?

③ 커뮤니케이션 기술의 장애요인에는 어떤 것들이 있는가?

④ 커뮤니케이션과 리더십은 어느 정도의 관계가 있는가?

⑤ 커뮤니케이션이 뛰어난 리더는 누구인가?

9. 창의성(Creative)

① 창의성의 정의를 다시 한번 써보시오.

② 리더에게 창의성이 중요한 이유는 무엇인가?

③ 창의성을 높이는 방법에는 어떤 것들이 있는가?

④ 창의성있는 아이디어나 사고로 리더십을 발휘해 본 경험이 있으면 그 사례를 설명해 보시오.

⑤ 창의성이 리더십에 미치는 영향은 어느 정도인가?

10. 코칭(Coaching)

① 코칭의 정의를 써보시오.

② 코칭기법에는 어떤 것들이 있는가?

③ 리더에게 코칭기술이 중요한 이유는?

④ 나의 코칭기술 수준은 어느 정도인가?

⑤ 코칭 리더십기법을 향상시키는 방법에는 어떤 것들이 있는가?

사랑의 법칙

▶ 원칙이해하기

- 나는 누군가의 사랑으로 살고 있다.
- 사랑이 없이 이룰 수 있는 것은 아무것도 없다.
- 나는 사랑한다. 그러므로 존재한다.

▶ 당신에게 사랑이란 무엇입니까? 그 의미를 써보시오.

▶ 당신은 누구를 사랑합니까?
그들은 당신에게 어떠한 존재입니까?

사랑하는 사람	나와의 관계	사랑하는 이유

▶ 지금 당장 사랑하는 사람에게 전화를 걸어봅시다. 그리고 사랑한다는 표현을 자신있게 해보시오.

▶ 사랑에는 베풀든, 받든 반드시 성과가 있습니다.
당신이 느끼는 사랑의 성과는 무엇입니까?

▶ 사람을 사랑하기 위해서 지금부터 달라져야 한다면 어떠한 행동을 취하는 것이 바람직할까요?

▶ 사랑=용서의 의미도 있습니다. 용서없이 사랑을 성취할 수는 없습니다. 지금 당신이 용서해야 할 사람 한 사람만 찾아보고 그에게 편지를 써보시오.

▶ 당신은 자신을 사랑합니까? 어떤 방법으로 왜 사랑하는지 그리고 자신의 사랑을 개선하는 방법에는 무엇이 있습니까?

▶ 사랑의 편지쓰기

- 당신이 이 땅에서 가장 사랑하는 사람은 누구입니까? 그 사람에게 지금 편지를 써보시오.

M E M O

7단계

리더는 자신감(SELF-CONFIDENCE)을 갖고 있는 사람이다

일곱째 주

자신감(Self-confidence)길들이기

S·E·L·F L·E·A·D·E·R·S·H·I·P

자신감(Self-confidence)길들이기

훈련개요

성공하는 사람들의 첫 번째 공통점은 자신감이 흘러 넘친다는 점이다. 자신감은 행복의 조건이기도 하다. 자신감만 잃지 않는다면 지상에서 이루지 못할 일이 없다. 자신감을 갖게 되면 신체적, 정신적 에너지가 모두 뜻하고자 하는 방향으로 움직여 준다. 자신감은 리더십의 첫 번째 요소이며 리더의 자질이기도 하다.

목 적

◦ 자신있게 비전을 달성하게 한다.

◦ 자신감이 리더십의 첫 번째 조건임을 이해한다.

기대효과

◦ 자신감증진을 통하여 성공적인 삶을 살도록 한다.

◦ 자신감을 통한 긍정적인 삶과 훌륭한 리더십을 발휘하도록 한다.

Warming up

나는 자신감이 뛰어난 리더인가 자문해 보고 다음의 각 질문에 간단히 답해본다.

1. 나는 매사에 자신감이 있다. 그러므로 나는 리더다.
   왜냐하면?

   ____

   ____

2. 자신감이 흘러넘치는 리더들의 특성은 이것이다.

   ____

   ____

3. 자신감은 리더십의 핵심이다.
   왜냐하면?

   ____

   ____

4. 인생은 자신감만으로 이길 수 있는 단순한 게임이다.
   왜냐하면?

   ____

   ____

Service 장애물 뛰어넘기

자신감을 갖추는 일은 왜 이리 어려운가. 어떤 이는 좋은 환경에 태어났으면서도 불행하게 살고 어떤 이는 가난한 조건에서도 행복하게 산다. 승자와 패자, 성공과 실패의 차이도 이것이다. 그것은 바로 자신감이다. 자신감을 갖는 일에 장애가 되는 요인과 이를 극복할 수 있는 방안에 대하여 설명해 보시오.

⇓

장애요인	방안
①	①
②	②
③	③
④	④
⑤	⑤

자신감을 증대시키는 원칙

▶ 원칙이해하기

- 인생의 승리는 지식이 아니라 자신감의 승리다.
- 할 수 있다는 믿음을 갖는다.
- 자신감을 갖는 순간 성공에너지가 발산한다.
- 성공의 원리는 자신감에 있다.

▶ 자신감의 정의

① 자신이 갖고 있는 능력을 스스로 인정하는 일이다(Dale Carnegie).

② 당신의 정의는

자신감이란?

____

____

____

▶ 자신감을 갖게 하는 요인(노먼 빈센트 필)

- 자기대화
- 경험의 수준
- 과거의 성공
- 다른 사람에 의한 강화

▶ 커널 샌더스(Colonel Sanders)의 KFC 창업이야기

____

____

____

▶ 자신감은 머리에서 나오는 것이 아니라

(   )에서 우러나온다. 그러므로 잘 할 수 있다는

(   )을 갖는 것이 중요하다.

▶ 알콜 중독자의 진짜 원인은 술이 아니다. 당신은 무엇이 알콜 중독자로 만들었다고 생각하는가?

▶ 인간은 저절로 놔둬도 앞으로 나가게 되어 있다. 방해하는 요인만 찾아서 제거할 수 있다면 모두가 더 높이 날 수 있다. 당신 인생에서 자신감을 갖고 제거해야 할 것들은 무엇인가?

▶ 학력이나 배경 등 외형적인 요소가 아닌 자신감만을 갖고 승리한 리더들이 많다. 당신이 알고있는 자신감이 승리를 안겨준 리더는 누구인가? 그는 어느 분야에서 성공을 거두었는가?

▶ 당신 인생에서 자신감을 갖고 도전하여 성공한 사례는 무엇인가? 그때 당시의 기분으로 돌아가서 생각해보자.

____

____

____

▶ 자신감을 증대시키는 원칙

① 과거의 성공했던 일을 자주 기억한다.

② 성공한 사람의 사례를 배운다.

③

④

⑤

▶ 자신감이 없어 중도에 포기한 일, 후회되는 일이 있는가? 그것은 무엇이며 자신감있게 도전했다면 지금은 어떤 상황이 되었으리라 믿는가? 가장 후회되는 일 한 가지만 설명하시오.

____

____

____

▶ 현재 추진하고 있는 일 한 가지만 지적하고 자신있게 성취했을 경우 당신에게 어떠한 이익이 보장되는지 성공의 기쁨을 미리 느껴보시오.

____

____

____

Service 성공사례 발표

자신감을 갖고 성공한 사례를 그때 당시의 기분으로 돌아가서 실감나게 발표한다. 자신감 넘치는 태도로 확신에 찬 모습으로 감동을 전할 수 있어야 한다.

⇓

1. 언제

2. 어떠한 자신감으로

3. 어떠한 일에서

4. 결과는

자신감 실천하기

지금 당신의 인생에서 가장 소중한 것은 무엇입니까? 부, 명예, 승진, 건강, 담배끊기, 다이어트, 술끊기, 원만한 대인관계 쌓기, 존경받기, 자기계발, 원만한 가정생활 등 간절히 바라는 바를 생각해 보십시오. 그리고 그것들이 실제로 이루어졌을 경우 나에게 어떠한 즐거움이 있을 것이며, 혹은 이루어지지 않을 경우 어떠한 고통이 뒤따를지 생각해 보십시오. 마지막으로 원하는 것들을 성취하기 위한 자신감 있는 전략을 제시해 보시오.

⇓

소망하는 일	성취했을 경우 즐거움	실패했을 경우 고통	성취하기 위한 자신감

자신을 극복하는 원칙

▶ 원칙이해하기

- 당신의 적은 언제나 (   )에 있다.
- 당신이 극복해야 할 상대는 바로 (   )이다.
- 당신인생의 가장 큰 장애는 바로 (   )이다.
- (   )를 제외하고는 아무도 당신을 괴롭히지 않는다.

▶ 상황분석하기

- 나는 무엇에 갈등하는가
- 나는 무엇에 집착하는가
- 나는 행복한가 불행한가
- 나는 자신에 대하여 얼마나 떳떳한가

▶ 원인찾기

- 내 안의 적은 누구인가?

- 왜 그러한가

- 그를 극복할 수 있는 방법을 모두 써보시오.

▶ 이득챙기기

나는 나를 극복함으로써

①

②

③

④

⑤

⑥

⑦

⑧

⑨

⑩

등을 얻게 될 것이다.

▶ 자신을 극복하는 원칙

① 자신과 타협하지 말라.

② 세상을 상대로 살지 말고 자신을 상대로 보아라.

③

④

⑤

⑥

⑦

⑧

⑨

⑩

환경을 극복하는 원칙

원칙: 네 자신에게 구하라. 신은 이미 모든 것을 네게 주었다. 너 자신이 허락만 한다면 모두 네 것이다.

▶ 당신은 유일한 존재다.

▶ 창세기 이래 당신과 똑같은 인간은 없었고 앞으로도 없을 것이다. 당신은 이미 특성화되어 있다.

▶ 아인슈타인은 자신의 능력을 (   )%밖에 사용하지 못했다. 당신은 당신의 능력을 (   )% 쓰고 있는가?

▶ 인간은 저절로 성공을 지향하게 되어 있다. 스스로 방해만 하지 않는다면, 당신의 성공을 방해하는 요인에는 무엇이 있는지 10가지만 써보시오.

①____

②____

③____

④____

⑤____

⑥____

⑦____

⑧____

⑨____

⑩____

▶ 잠재력을 발휘하는 방법에는 무엇이 있는가?
10가지만 써보시오.

① ______________________

② ______________________

③ ______________________

④ ______________________

⑤ ______________________

⑥ ______________________

⑦ ______________________

⑧ ______________________

⑨ ______________________

⑩ ______________________

▶ 『나는 유일한 존재다』라는 주제로 당당하게 연설을 해보시오. 2분 안에 요약해서 해야 하며 반드시 유일한 존재인 이유를 제시해야 합니다.

▶ 당신에게는 신이 어떠한 능력을 주었다고 생각합니까, 그리고 그 능력을 발휘하고 있습니까? 발휘하지 못하고 있다면 그 이유는 무엇입니까?

성공적인 프리젠테이션(Presentation) 기법 12가지

⇒ Personal (인간적으로 호소하라)

⇒ Respond (반응에 주의하라)

⇒ Energize (자신감을 가져라)

⇒ Simple (간단명료하게 말하라)

⇒ Empathy (감정이입하라)

⇒ Narrow to subject (주제에 한정하라)

⇒ Timing (타이밍을 조절하라)

⇒ Aim (목표를 정확히 확인하라)

⇒ Target (대상을 확인하라)

⇒ Interest (흥미있게 하라)

⇒ Object (객관적인 시각을 가져라)

⇒ Needs (필요를 충족시켜라)

▶ 프리젠테이션 하기

- 당신이 얻고자 하는 일, 추진하는 일, 예를 들어 돈벌기, 승진, 건강, 계약, 협상, 취직, 판매, 설득, 창업, 투자자 모으기 등 어느 한 분야를 선택해서 상대방을 설득시킬 수 있는 프리젠테이션을 해보시오. 주제는 지금 당신에게 긴급을 요하는 성공만 하면 원하는 모든 것을 얻는다는 자신감을 갖고 하시오

1. 분야 :

2. 성공한다면 나에게 어떠한 이득이 있는가?

3. 프리젠테이션 :

목표를 쉽게 달성하는 비결

원칙1: 목표를 달성하기 위해서는 (　　)부터 세워야 한다.
원칙2: 인간은 (　　)을 먹는 동물이다. 이것을 꾸는 데에는 나이, 성별, 배경, 빈부 그 무엇도 장애가 될 수 없다.
원칙3: 목표가 없는 사람은 (　　)가 있는 사람을 위해 평생 일해야 할 (　　)에 처해졌다(Brian tracy).
원칙4: 목표만 명확하다면 이미 (　　)%의 성공은 이루어진 것이다.

1. 당신은 몇 살까지 살 수 있는가? 당신이 살고 싶은 나이를 써보시오.

____

____

2. 왜 그 나이까지 살아야 하는지 분명한 이유를 써보시오.

____

____

____

____

3. 그 나이에 이르기 위해서 가장 소중한 것은 무엇이라고 생각하는가? 우선순위대로 5가지만 써보시오.

____

____

____

____

____

____

____

Service 변화와 성취

—NLP로 잠재능력 개발하기

1. 안전지대를 넓혀라. 구체적인 방법 세 가지를 적으시오.

2. 나의 잠재능력은 무엇이라고 생각하는가? 세 가지를 적으시오.

3. 내 삶에 부정적인 요인에는 무엇이 있는가? 나의 능력을 가로막고 있는 요인 세 가지를 적으시오.

4. 자신감이란 무엇인가, 자신감의 정의를 써보시오.

경제적 자유를 얻는 원칙

원칙1: 인간은 경제적 동물이다.
원칙2: 경제적 욕구를 충족시킬 때 안정이 보장된다.
원칙3: 우리는 돈의 굴레에서 벗어날 수 없다.
원칙4: 돈의 굴레에서 벗어나는 일은 돈을 많이 버는 일이다.

▶ 돈은 당신에게 어떠한 의미가 있는가?

___

___

___

▶ 당신 인생이 행복하기 위하여 얼마의 돈이 필요하다고 생각하는가? 또한 얼만큼을 벌고 싶은가?

시 기	달 성 목 표
금 년	
5 년	
10 년	
일 생	

▶ 당신은 현재 돈 때문에 고통받고 있는가, 이를 극복하기 위하여 취해야 할 방안에는 무엇이 있는가?

___

___

___

▶ 원하는 만큼 돈을 벌었다고 가정하라. 당신 인생에 어떠한 변화가 일어날까? 또한 무엇을 할 계획인가?

▶ 돈이 부족해서 발생하는 당신 인생의 문제는 무엇이 있는가, 또한 돈이 많아서 발생하는 문제가 있다면 그것은 무엇인가?

돈이 부족해서 발생하는 문제	돈이 많아서 발생하는 문제

MEMO

8단계

리더는 습관(HABIT)에 의해서 길들여지는 사람이다

S·E·L·F L·E·A·D·E·R·S·H·I·P

여덟째 주

습관(Habit) 길들이기

습관(Habit)길들이기

훈련개요

인간은 습관을 낳고 습관은 인간을 만든다. 좋은 습관은 좋은 리더십을 낳고 훌륭한 리더를 만든다. 인생은 습관을 쌓아나가는 일이다. 습관은 밧줄과 같은 것이다. 우리는 습관이라는 밧줄을 매일 짜고 있다. 그리고 이처럼 잘 짜여진 습관은 절대로 파손되지 않는다(Horace Mann).

목 적

◦ 성공적인 습관을 통해서 리더십을 형성해 나간다.
◦ 리더의 자질을 향상시키는 좋은 습관을 길들여 나간다.

기대효과

◦ 매일매일 잠재능력을 발휘할 수 있는 내적 습관을 통해 성취욕을 높인다.
◦ 리더로서 훌륭한 습관을 전파하고 향상시켜 나간다.

Warming up

나는 리더로서 훌륭한 습관을 갖고 있는가 자문해 보고 다음 물음에 간단히 답해 보자.

1. 나는 훌륭한 습관을 갖고 있는가?

2. 그릇된 습관이 나의 리더십을 방해하지 않는가?

3. 나는 리더십을 향상시켜 나가는 데 습관이 중요하다고 생각한다. 왜냐하면?

4. 당신 인생의 잠재능력을 방해하는 나쁜 습관 한 가지만 지적한다면?

Service 장애물 뛰어넘기

나쁜 습관을 깨고 훌륭한 습관을 길들이는 데 어려운 점은 무엇인가? 습관은 한번 고착화되면 바뀌기가 어렵다. 훌륭한 습관을 길들이는 데 장애요인은 무엇이고 대안은 무엇인지 제시해 보시오.

⇓

장애요인	방안
①	①
②	②
③	③
④	④
⑤	⑤

습관을 깨뜨리려면 습관의 원인을 밝히기보다 변화를 위한 지속적인 노력이 필요하다.

-Peter Cohen-

습관을 길들이는 원칙

▶ 원칙이해하기

- 습관은 깨기 위해 있다. 더 좋은 습관이 기다린다.
- 작은 습관이 큰 성공, 행복을 가져온다.
- 습관은 사람이 만들고 습관은 사람의 운명을 결정한다.
- 우리의 모든 행동은 걸음마 단계부터 쌓아온 습관의 결과물이다(Napoleon Hill).

▶ 습관의 정의를 써보시오.

____

____

▶ 습관이 우리에게 중요한 이유는 무엇입니까?

____

____

▶ 습관을 바꾸기는 어렵습니다. 그러므로 좋은 습관을 길들이는 것이 중요합니다. 당신 일생에 괴로움을 주는 마이너스 습관과 긍정적인 효과를 미치는 플러스 습관은 무엇입니까?

-마이너스 효과

____

____

-플러스 효과

____

____

▶ 마이너스 습관에서 벗어나지 못하는 이유는 무엇입니까? 또 이를 벗어나기 위한 비결은 무엇이라고 생각합니까?

– 마이너스 습관에서 벗어나지 못하는 이유

– 마이너스 습관을 벗어나는 비결

▶ 마이너스 습관 중에서 이것만 바뀌면 건강, 재산, 가정의 행복, 안정을 가져올 수 있다고 믿는 습관은 무엇입니까? 그리고 습관을 바꾸기 위해 전략과 선언을 하시오.

– 가장 시급히 바꾸어야 할 습관

– 그것이 주는 효과

– 습관의 개선을 위한 선언문

▶ 당신은 당신을 오늘까지 정상으로 오르도록 만들어준 훌륭한 습관은 무엇이라고 생각합니까? 자신있게 말할 수 있는 긍정적인 플러스 습관 한 가지만 제시해 보시오.

- 가장 긍정적인 습관

- 그것이 안겨준 효과

▶ 훌륭한 습관을 길들이는 원칙에는 무엇이 있습니까?
중요하다고 생각되는 것을 써보시오.

▶ 당신 앞에 코끼리 한 마리가 놓여 있습니다. 코끼리를 어떻게 먹을 것인지. 그 방법을 제시해 보시오.

Service 칭찬을 기르는 습관

▶ 원칙이해하기

- 인간은 누구나 칭찬받고 싶은 욕구가 있다.
- 칭찬은 고래도 춤추게 한다(캔 플랜차이드).
- 칭찬받는 사람보다 칭찬하는 사람의 위상이 더 높아진다.

▶ 당신이 받은 칭찬 중에서 가장 기억에 남는 칭찬은 무엇입니까? 그 때 당시의 기분으로 돌아가 감동있게 설명해 보시오.

▶ 당신이 꼭 칭찬하고 싶은 사람이 있다면 그는 누구입니까? 사실에 근거해서 칭찬해 보시오.

▶ 칭찬은 자칫 립 서비스가 될 수 있습니다. 또 립 서비스는 자칫 아부가 될 수 있습니다. 이 두 가지의 차이점은 무엇입니까?

▶ 칭찬은 고래도 춤추게 한다는 말에 동의하십니까?
이 말에 대한 당신의 의견을 제시해 보시오.

▶ 칭찬은 대인관계에 왜 중요합니까. 그리고 타인을 칭찬하는 일이 리더십에 왜 중요합니까?

▶ 칭찬을 기르는 습관에는 어떠한 원칙이 있습니까?

▶ 칭찬하는 습관이 몸에 배지 않는 이유는 무엇일까요?

▶ 성공은 습관의 산물이다. 우리는 습관의 결과물이다. 우수함이란 결국 행동이 아닌 습관에 불과하다.

-아리스토 텔레스-

성공하기 위해서는 잘하는 일을 더 재미있게 지속적으로 꾸준히 밀고 나가는 일이 중요합니다.
습관(연습)만이 대가를 만듭니다. 이에 대한 당신의 의견은 어떻습니까.

▶ 습관은 변화를 전제로 합니다. 습관을 만드는 사람은 나지만 나를 형성하는 것은 습관입니다.

-John Dryden-

당신이 원하는 이상은 무엇입니까. 그것을 이루기 위해서 습관적으로 행하여야 할 일은 무엇이라고 생각합니까.

- 원하는 이상

____

____

____

____

-습관적으로 추진해야 할 일

____

____

____

____

▶ 리더는 태어나는 것이 아니라 습관에 의해서 형성되는 것이다. 당신의 리더십을 강화시켜 일상생활 속에서 실천할 수 있는 습관에는 무엇이 있습니까?

____

____

____

____

▶ 리더에게 미소는 무엇인가? 미소는 능력의 문제가 아니라 습관의 문제다. 당신은 일부러 웃기 위해 노력해본 적이 있는가?

____

____

____

____

____

▶ 얼굴은 마음의 거울입니다. 리더에게 따뜻한 얼굴은 리더십의 상징입니다. 얼굴을 환하게 하는 습관에는 무엇이 있습니까?

____

____

____

____

▶ 당신이 만나본 사람 중에서 미소가 가장 뛰어난 사람은 누구입니까? 그리고 그에게서 느낀 점은 무엇입니까?

____

____

____

____

____

▶ 당신과 관계있는 사람의 장점은 무엇입니까? 칭찬하십시오. 그리고 칭찬을 통하여 리더십을 기르십시오.

대 상	장 점	칭찬하기
부모님		
배우자		
자녀		
직장상사		
친구		
스승		
선배(후배)		
직장동료		
거래처인사		
기타		

Service 성공하는 사람들의 7가지 습관

-Stephen R. Covey-

모든 분야에서 성공한 사람들이 갖고 있는 공통적 요인을 분석하고 이를 습관화하여 자신의 리더십을 발휘할 수 있는 방법을 찾는다.

⇓

주도적이어라 (Be Proactive)	
목표를 정하고 행동하라 (Begin with the end in mind)	
소중한 것부터 지켜라 (Put first things first)	
승승사고를 하라 (Think Win-win)	
경청한 다음 이해시켜라 (Seek first to understand, then to be understand)	
시너지를 활용하라 (Synergize)	
심신을 단련하라 (Sharpen the saw)	

Breaking is Making
(Paradigm의 변화)

깨는 것이 창조하는 것이다. 리더는 기존의 습관과 틀에 얽매이지 않고 안전지대를 넓혀나가는 유연성과 Breakthrough thought(혁신적 사고)가 요구된다.

리더가 되기 위해 지금 당장 깨고 벗어나야 할 것은 무엇인가를 스스로 진단해 본다.

⇓

① ____________________

② ____________________

③ ____________________

④ ____________________

⑤ ____________________

⑥ ____________________

⑦ ____________________

⑧ ____________________

⑨ ____________________

⑩ ____________________

(　　　　　)이 바뀌면 행동이 바뀌고 행동이 바뀌면 (　　　　　)이 바뀌고

(　　　　　)이 바뀌면 인격이 바뀌고 인격이 바뀌면 (　　　　　)이 바뀐다.

마음경영 ⇒ 자신인정하기

> 인생은 세상을 경영하는 것이 아니라 마음을 경영하는 것이다. 마음이 고요하면 세상은 평화롭다. 마음경영은 자신을 인정하는 데에서 출발한다.

인정1. 나는 인간관계가 뛰어나다. 그 이유는?

____

____

인정2. 나는 멋쟁이다. 그 이유는?

____

____

인정3. 사람들은 나를 좋아한다. 그 이유는?

____

____

____

인정4. 나는 부자다. 그 이유는?

____

____

____

인정5. 나는 세상에서 가장 행복하다. 그 이유는?

____

____

____

인정6. 내 인생의 미래는 장밋빛이다. 그 이유는?

____

____

____

▶ 원인을 찾는 것이 처방이다.

- 아래 문장을 완성하면 자신감과 자신에 대한 사랑을 느끼게 된다.

a. 내 인생의 장애물은 오직 한 가지 (   )이다.

b. 세상이 나를 가둔 것이 아니라 나를 가둔 것은 오직 한 사람 (   )이다.

c. 인생의 승리는 배경, 학력, 부, 명예 그 무엇도 아니라, 인생의 승리는 곧 (   )의 승리다.

d. 지식보다 중요한 것은 (   )이다.

e. 내 신체는 기껏 36.5℃이다.
내 정신은 (   )℃까지 끓는다.

f. 목표를 이루는 비결은 (   )를 세우는 데 있다.

Service 리더십 진단

다음 물음에 답하면서 자신의 리더십을 향상시키는 방안을 생각해 봅시다.

⇓

1.리더십은 누구에게 필요한가?

____

____

2. 리더는 태어나는가 만들어지는가?

____

____

3. 훌륭한 리더십의 특성은 무엇인가?
(중요하다고 생각되는 것을 10가지 이상을 쓰시오.)

____

____

____

____

____

____

____

____

____

____

4. 리더십은 변한다고 생각하는가, 변하지 않는다고 생각하는가?

____

____

Service 리더십 벤치마킹

▶ 다음 글을 읽고 당신이라면 어떻게 처리했을까? 솔직한 느낌을 말해보시오.

IBM의 성공비결

세계 컴퓨터 시장의 50%를 지배하고 있는 IBM, 1914년 토머스 왓슨이 설립한 이 회사는 현재 전 세계 164개국에서 막대한 수익을 올리고 있다. IBM의 성공신화 뒤에는 무엇보다 토머스 왓슨의 경영철학이 큰 영향을 끼쳤다. 그는 해마다 회사 총수입의 10%를 연구개발비로 사용하고 무엇보다 사원들을 회사의 가장 큰 자산으로 여겼다. 그래서 경제공황 때 모든 기업이 직원들을 해고할 때에도 그는 단 한 명도 내보내지 않았다. 한번은 젊은 부사장이 막대한 비용이 드는 신제품 개발을 추진했다. 왓슨은 부사장이 작성한 보고서를 보더니 신제품이 성공할 수 있을지 물었다.

"위험부담이 크지만 성공만 한다면 엄청난 수익을 올릴것입니다." 결국 왓슨은 부사장의 의견을 존중해 투자를 결정했다. 그러나 신제품이 나오자 수익은커녕 천만 달러 이상의 손해만 입게 되었다. 그 소식을 듣고 왓슨은 부사장을 불렀다. 부사장은 이미 각오했다는 듯 왓슨에게 하얀봉투 하나를 내밀었다.

"제 판단이 성급했습니다. 회사에 끼친 막대한 손해를 이것으로 만회할 수는 없겠지만 책임을 느껴 사직서를 제출합니다."

부사장의 말이 끝나자 왓슨은 정색하며 말했다.

"아니, 무슨 소린가. 나는 이번에 자네를 교육하는 데 무려 천만 달러 이상을 들였는데…. 이번 일을 교훈삼아 다시 시작해 보게."

왓슨의 격려를 믿을 수 없었던 부사장. 하지만 왓슨은 부사장에게 다시 한 번 기회를 주었고 얼마 뒤 부사장이 계획한 신제품은 큰 성공을 거두었다.

〈좋은생각 중에서..〉

⇓

나라면 어떻게 했을까…?

9단계

리더는 혁신적으로 사고(INNOVATIVE THOUGHT)하는 사람이다

S·E·L·F L·E·A·D·E·R·S·H·I·P

아홉째주

혁신적인 사고(Innovative thought)갖기

S·E·L·F L·E·A·D·E·R·S·H·I·P

혁신적인 사고(Innovative thought)갖기

훈련개요

리더란 남보다 앞서서 사고하는 사람이다. 우리는 변화의 시대에 살고 있다. 빌게이츠의 말을 빌리자면 속도의 시대에 살고있는 것이다. 속도의 시대에 살아남는 비결은 무엇인가. 생각의 속도라고 빌게이츠는 말한다. 혁신적인 사고에는 반드시 긍정적인 사고가 포함되어야 한다. 리더는 앞서가는 사고로 사람을 이끄는 사람이다.

목 적

◦ 혁신적이고 긍정적인 사고기법을 기른다.
◦ 긍정적인 마음으로 목표를 달성한다.

기대효과

◦ 긍정적인 마음은 잠재능력을 개발하여 리더십을 강화시켜 준다.
◦ 긍정적인 사고를 통하여 영향력을 행사하고 비전을 달성해나가게 한다.

Warming up

나는 리더로서 긍정적인가를 자문해 보고 물음에 간단히 답해봅시다.

1.나는 긍정적이다. 그러므로 나는 리더다. 이유는?

____

____

____

2. 나는 긍정적인 사람을 알고 있다. 그는 누구이며 그가 긍정적인 이유는 무엇인지 써보시오.

____

____

____

3. 긍정적인 사람이 리더다. 왜냐하면?

____

____

____

4. 긍정적인 사고는 어떠한 환경도 쉽게 바꾸어 놓을 수 있다. 왜냐하면?

____

____

____

Service 장애물 뛰어넘기

긍정적인 사고는 고도의 훈련과 연습이 필요하다. 우리의 뇌는 부정적인 것에 더 강한 반응을 보이고 동화되어 가는 경향이 있다. 부정적 마인드를 극복하고 긍정적인 사고를 하는 데 장애요인은 무엇인가? 또한 이를 극복할 수 있는 대한은 무엇인가 제시해 본다.

⇓

장애요인	대안
①	①
②	②
③	③
④	④
⑤	⑤

좋은 생각이 건강한 세포를 만든다.

-Robert B. Stone

긍정적인 리더가 되는 원칙

▶ 원칙

- 나는 긍정적으로 생각한다. 나는 긍정적으로 (   )한다.
  그러므로 나는 (   )다.
- 긍정적인 마음이 내 안의 (   )을 꺼내는 기술이다.
- 세상에는 오직 두 부류의 사람만이 있다.
  하나는 (   )인 사람이고 다른 하나는 (   )인 사람이다.
- 나는 매일 모든 면에서 점점 더 좋아진다(Emile Coue 박사).

▶ 주변정리하기

- 당신의 삶에서 부정적인 생각이나 행동들은 어떠한 것들이 있는가? 모두 숨김 없이 고백해 보시오.

____

____

____

____

____

- 당신은 얼마나 긍정적인 사람인가? 생각, 행동, 습관에 있어 당신을 자극하는 당신 내부의 긍정적인 요인들을 모두 써보시오.

____

____

____

____

____

▶ 분석하기

- 이제 당신은 긍정적인 사람인가, 부정적인 사람인가? 당신 자신을 들여다보고 솔직하게 판단해 보시오.

나는 긍정적(혹은 부정적)인 사람이다. 왜냐하면

그러므로 나는 긍정적(혹은 부정적)인 사람이다.

▶ 징키스칸에게 배우는 사례

- 야전 식당의 밥상이야기

▶ 이득챙기기

- 긍정적인 마음이 당신에게 안겨줄 수 있는 이득에는 무엇이 있습니까? 모두 써 보시오.

▶ 긍정적인 사람이 되기 위한 원칙에는 무엇이 있습니까?

긍정적문 사용하는 훈련

▶ 원칙
- 자신감 있게
- 확신하며
- 미래를 꿈꾸며
- 기대수준을 높여나간다.

▶ 예제
- 업무나 일상생활 속에서 쉽게 활용할 수 있는 자신감과 확신을 주는 긍정문 5가지 이상을 쓰시오.

⇓

긍정적인 마음갖기 훈련

▶ 원칙

- 세상에는 오직 두 부류의 사람이 있다. 긍정적인 사람과 부정적인 사람
- 긍정적인 마음은 아이디어 창의성, 혁신성, 에너지 창출의 시발점이다.
- 부정적인 생각은 엔돌핀을 억제하고 능력을 죽이고 가능성을 방해한다.

NMA 사고	PMA 사고
①	①
②	②
③	③
④	④
⑤	⑤
⑥	⑥
⑦	⑦
⑧	⑧
⑨	⑨
⑩	⑩

인생 = 과학이다

▶ 원칙이해하기

- 인생에 우연의 법칙은 없다.
- GIGO 원리
- 삶은 과학이다.

▶ 『삶은 과학이다』 이 말에 대한 당신의 생각을 써보시오.

▶ 인생 프로세스

사고 → ? → 성공, 행복

당신의 삶에서 성공과 행복을 불러오는 프로세스에는 무엇이 들어있는가. 성공과 행복을 이끌어 내기 위해 당신이 하는 일은 무엇인지 구체적으로 설명해보시오.

▶ 미래탐색하기

- 미래는 꿈꾸는 대로 이루어진다.
- 미래는 지금 당신의 생각을 반영한 결과다
- 꿈꾸는 미래가 나타나지 않는 것은 자연의 질서에 위배되는 일이다.

▶ 인생을 지배하는 과학원리

- 목표가 없으면 성공이 없다.
- 성공의 비결은 목표를 세우는 일이다.
- 인생은 자신의 무한한 능력을 탐색하는 여행이다.

▶ 꿈의 노래 작곡하기

- 당신의 미래를 꿈에 담아 작곡해 보자.

  긍정적이고 자신있게 확신을 갖고 한다.

  나의 미래는 ____________________

당신은 부자인가

부자란 누구인가

↓

많이 가진 사람?

↓

아니다, 절대 아니다.

↓

부자란

↓

즐길 줄 아는 사람이다.

↓

자신이 가진 것을 즐길 줄 알고

남이 안 가진 것을

내 안에서 발견하는 일

↓

당신도 부자다

인간정신의 7가지 운동법칙

-Brian Tracy

인간내면에 살아 운동하는 7가지 법칙을 이해하고 이를 조정하여 Self-Leadership을 향상시킬 수 있는 방법을 터득한다.

⇓

법 칙	개 요
통제의 법칙	·자신이 삶을 통제하고 있다고 생각하면→긍정적 태도 ·자신이 삶을 통제하지 못하고 있다고 생각하거나 외부에 의해서 통제받고 있다고 생각하면→부정적 태도
인과의 법칙	·모든 결과에는 분명한 이유가 있다. ·뿌린 대로 거둔다 - 수확의 법칙
신념의 법칙	·무엇이든 느낌을 갖고 있으면 그것은 현실이 된다. ·자신이 믿는 대로 이루어진다. 믿음이 현실을 만든다.
기대의 법칙	·무엇이든 확신을 갖고 기대하면 그대로 된다. ·성과는 기대에 비례한다.
인력의 법칙	·인간은 살아있는 자석이다. ·목표설정→긍정적태도→주변사람의 도움
상응의 법칙	·안에 있는 대로 밖으로 표출된다→외부세계는 내부세계의 거울 ·인간관계, 건강, 수입 ← 성품, 운동, 준비와 상응
마음 등가의 법칙	·생각은 스스로를 객관화한다. ·생각을 바꾸면 인생이 바뀐다.

변혁적 리더의 길

구성원들에게 동기를 부여하고 비전을 제시하여 공동의 목표를 달성하도록 리드하며 부하들을 완전한 인격체로 대우한다.

1. Burns의 분류

⇒ Transactional leadership VS Transformational leadership

2. 변혁적 리더십 요인

▶ 카리스마

▶ 확신

▶ 존경심과 충성심

▶ 풍부한 칭찬

▶ 감화

나는 성취인이다

ㅇㅇㅇ님은 성취인이십니다.

왜냐하면

이기 때문입니다.

그러므로 ㅇㅇㅇ님은 성취인이십니다.

↓

나는 성취인이다.

왜냐하면

이기 때문이다.

그러므로 나는 성취인이다.

부정적 감정 극복하는 원칙

▶ 부정적 감정의 정의

부정적 감정은 분노와 불신을 낳고 인간관계를 해치고 사회적 성장과 능력발휘할 수 있는 기회를 빼앗아간다. 안으로는 건강을 해치고 비이성적으로 행동하게 하며, 스스로를 난처한 골목으로 몰고 간다. 부정적인 감정이 인간에게 이로운 점은 하나도 없다.

▶ 부정적인 감정으로 대인관계나 개인적인 어려움을 당해본 적이 있는가? 구체적으로 체험사례를 제시해 보시오.

▶ 부정적인 감정은 당신에게 어떠한 느낌을 주었는가?

▶ 부정적인 감정을 극복하는 방법에는 무엇이 있는지 당신의 생각을 써보시오.

리더의 웃음학
-김 팀장의 사례-

유머없는 사람과 사귀지 마라

"여보게 미안하네. 해외출장업무로 자네 결혼식에는 참석 못할 것 같군"

"걱정 마, 다음 번에 꼭 오면 되지 뭘"

리더에게 부족한 것은 달러가 아니다. 직책도 아니며 명예도 아니다. 그에게 부족한 것은 학벌이 아니며 직업도 가정환경도 그 무엇도 아니다. 리더에게 결핍된 것은 건강도 아니며 지식도 아니며 친구도 아니고 마누라나 남편 자식이 아니다.

모든 것이 넘치는 세상, 못 먹어서 죽는 시대가 아니라 너무 잘 먹어서 죽는 시대에 딱 한 가지가 부족한 것이 있다. 그것은 바로 웃음이다

잘 먹고 잘 살자고 하는 일인데 웃음을 잃고 산다는 것은 실패한 삶이거나 부정적인 인생을 사는 것에 불과하다. 김 팀장은 고속승진으로 동료들에 비하여 월급이나 더 많은 의사결정권한을 부여받고 인정받는 간부로 잘 나가지만 그는 늘 심각한 표정을 갖고 있다. 늘 진지하다. 그는 가정에서건 직장에서건 일밖에는 하는 게 없다. 그는 더 이상 리더로 역할하기에 부족하다는 것을 스스로 느끼고 있다. 지식이나 학력, 업무추진능력만으로는 후배들을 이끌고 나가기에는 역부족이다. 그는 금년 입사 15년 차이지만 늘 놀라는 것이 있다. 신입사원을 대할 때마다 그들의 감성, 기대수준, 비전, 일과 직장에 대한 컨셉이 상상하지 못할 만큼 매년 빠르게 달라진다는 것이다. 이는 단순한 세대 혹은 문화적인 갭이 아니라 이제는 조직

문화에 심각한 영향을 줄만큼 대책을 세워야 한다는 것이 그의 지론이다. 그런데 그 자신부터 그들과 정서적으로 교류할 수 없을 만큼 늘 진지하다는 것은 문제가 아닐 수 없다

이제부터 김 팀장은 웃음을 배워야 한다. 그것이 조직에서 리더로 성장하고 신세대들과의 교류를 통하여 더 큰 성과를 창출해 나가는 팀장의 리더십이기 때문이다. 그저 편할 때 웃을 수 있는 웃음이 아니라 행복해지고 건강해지고 멋진 명품인생을 만들기 위해 필요한 무기를 갖는 것이 김 팀장에게는 새로운 도전이다

마크트웨인은 "인류에게 한 가지 효과적인 무기가 있으니 그것은 웃음"이라고 말한 바 있다. 웃음은 빙산도 녹인다는 말이 있다. 의학적으로는 암세포를 죽일 만큼 생명체에게는 치료제로도 기능을 한다.

웃음은 만인에게 평등하게 찾아오는 걸 보면 이는 분명히 신이 준 선물임에 틀림없다. 우리가 부지불식간에 신의 존재를 잊고 그의 사랑을 잊고 사는 것처럼 그저 그렇게 웃음을 까맣게 잊고 살아가고 있을 뿐이다. "웃음은 가장 값싸고 가장 효과있는 만병통치약이다. 웃음은 우주적인 약"이라고 러셀은 말한 바 있다.

"정치인에게 가장 가르치기 어려운 것은 무엇인가?-웃는 일"
"정치인에게 가장 가르치기 쉬운 일은?-싸움"

웃는 일에 인색한 것만큼 초라해 보이는 것은 없다. 가능한 한 많이, 자주 웃고 웃음을 나눌 수 있는 기회를 만들어가는 것이 인생을 여유있고 풍요롭게 만들어나가는 일이다.

유머는 직장이나 가정에서 비용을 절감하게 해주는 경제적인 효과도 갖고 있다. 그러므로 다양한 방법을 통하여 유머바이러스가 조직 곳곳에 스며들게 해야 한다. 가장 따분하고 힘들어 보이는 사람은 돈이 부족한 사람이나 배움이 낮은 사람이 아니라 늘 웃음이

없는 사람이다.

하버드 의대의 조지 베이런트 교수는 66년간에 걸쳐 하버드 졸업생 268명의 인생을 추적조사한 바 있다. 이 조사자료에 의하면 학업성적이 인생의 성공이나 행복을 결정하는데 미친 영향은 극히 일부분에 지나지 않았다는 것이다. 성공한 사람들에게는 웃음과 유머가 공통적인 특성으로 나타났다고 베이런트 교수는 밝히고 있다.

스텐포드대의 정신과 교수인 윌리엄 프라이는 "웃음은 잠재의식을 일깨우는 가장 고상한 길"이라고 말한 바 있다. 가정이나 직장에서 구성원들에게 사기를 심어주고 잠재능력을 일깨우는 방법에 유머가 효과가 있다면 서로 웃고 웃기는 일을 어찌 마다하겠는가. 일상의 틀을 깨고 매너리즘을 깨는 데도 유머는 힘을 발휘한다. 매너리즘에 빠지면 생산성이 떨어지고 규칙만을 따르려 하며 이른바 복지부동으로 창의성을 죽이는 일에만 얽매이게 된다.

어느 병원에 수면제없이는 잠을 못자는 환자가 입원했다. 담당 간호사는 매일밤 정해진 시간에 그 환자에게 수면제를 먹이는 것이 업무였다. 어느 날 잡무에 쫓겨 수면제 먹이는 것을 깜빡 잊은 간호사가 곤히 잠자는 환자를 흔들어 깨웠다.

"여보세요, 어서 일어나세요?"
"왜 곤히 잠자는 환자를 깨우고 그러세요?"
"어서 일어나세요. 수면제 먹을 시간입니다."

곤히 잠자는 환자를 깨우며 강제로 수면제를 먹이려는 것은 간호사의 업무가 얼마나 경직되어 있고 틀에 갇혀 있는가를 보여 준다.

그런 일상 생활 속에서 웃음이나 여유를 찾기는 어렵다. 이제 부드럽고 감성적인 유머를 나누는 습관이 필요하다. 성공하는 팀장에게 한 가지 공통점이 있다면 언제, 어디서나 늘 유머를 즐겨 사용한다는 것이다. 이제 성공을 꿈꾼다면 그 키워드인 유머를 구사할 줄 아는 능력을 갖추어야 한다. 김 팀장은 그것만 갖추면 더 훌륭한 팀장으로 인정받고 조직을 이끌 수 있는 리더십을 갖게 될 것이다.

유머는 농담이 아니다
유머는 웃기는 일도 아니다
유머는 게다가 순간을 모면하는 재치도 아니다
유머는 강력한 커뮤니케이션이다
유머는 설득의 도구다
유머는 사람을 내 편으로 만드는 기술이다

김 팀장이 유머기술을 익혀 나간다면 그것은 지금 하고 있는 일터를 즐겁게 바꾸고 대인관계를 부드럽게 하며 비용을 줄이고 성과를 창출해 나가는 데 있어 윤활유와 같은 역할을 한다. 또한 부드러운 이미지와 모든 사람에게 친근감을 줄 수 있는 마력을 갖게 된다. 유머적인 사람은 적이 없다는 것을 명심하라. 설사 적이 있다 해도 그는 적을 유머로써 자기편을 만들 것이다 .자신의 주가를 높이고 명품인생을 만드는 비결은 바로 유머를 얼마나 잘 구사하느냐의 여부에 달려있다. 유머가 없으면 얼마나 삭막한가를 보여 주는 사례는 우리 정치문화를 보면 알 수 있다. 삿대질이나 고성, 비난 욕설, 때로는 상대당 의원의 명패 집어던지기, 심지어는 의원끼리의 멱살잡이 같은 것들은 우리 정치문화에 일상적인 것이 되어버렸지만 누군가가 먼저 유머를 주고받는 리더십을 발휘한다면 하루아침에 존경받는 정치문화를 만들어갈 수 있다고 확신한다.

유머 컨설턴트인 밥로스(Bob Ross)는 "유머감각을 갖는 데는 돈이 들지 않지만 유머감각을 갖지 못하면 많은 비용을 초래할 수 있다"며 유머의 중요성을 역설하고 있다.

유머는 보이지 않는 힘이다. 활력을 불어 넣어주고 흩어지는 마음을 하나로 묶는 역할을 한다. 이것이 웃음의 마력이다.

그래서 유머를 제6의 감각이라고 말한다. 아무리 다섯 가지 감각이 잘 발달되어 있다 하더라도 마지막 유머감각이 없으면 자신을 표현하고 대인간 협상을 리드하는 데 어려움이 따를 것이다. 다섯 가지의 감각은 비로소 유머감각에 의하여 빛을 발휘할 수 있다. 21세기의 리더는 지식이나 학력에 의하여 나타나지 않는다. 감성시대, 글로벌 시대를 리드해 나가는 리더는 인간적인 감성이 흘러 넘치는 유머감각을 갖는 데서부터 시작한다. 유머를 갖고 출근하라. 모임이나 회의에 갈 때는 반드시 유머를 챙겨라. 그리고 유머로 토의하고 질의하라. 절대로 유머가 없는 사람과는 어울리지 마라. 그는 늘 진지하고 심각할 뿐이다. 인생은 그들처럼 그렇게 인상쓸 만큼 심각하지는 않다. 팀장으로 성공하고 싶은가? 조직 구성원들에게 비전을 심어주고 싶은가? 그렇다면 지금 당장 웃는 연습부터 하라. 그리고 유머감각을 살려라. 그것만으로 팀장의 성공학은 완성된 것이다.

웃음의 가치를 인정하라

"서울을 돈으로 환산하면?"
"만원"
"그럼, 서울을 해방시킬 수 있는 돈은?"
"구원"

배꼽잡고 실컷 웃어본 사람은 웃음이 인체에 미치는 정도가 어느 정도인지 느낄 수 있다. 웃는 사람은 건강하다. 반대로 건강한 사람이 자주 웃는다. 웃음과 건강은 한 뿌리라고 말할 수 있다. "그대의 마음을 웃음과 기쁨으로 감싸라. 그러면 인체에 해로움을 막아주고 생명을 연장시켜 줄 것이다."라고 일찍이 세익스피어는 웃음이 인체에 미치는 효과에 대하여 말한 바 있다. 웃음은 암세포도 죽일 만큼 웃는 사람에게는 정신적 쾌락뿐 아니라 육체적으로 질병을 쉽게 치유하는 기능을 하고 있다. “웃음이 삶의 음악이고 웃음이 젊음을 유지하는 행복의 힘”이라고 캐나다 출신의 웰리엄 오슬러 의사는 웃음의 효과를 노래하고 있다.

미국의 인디에나주의 볼 메모리얼 병원은 환자들에게 나누어 주는 건강지침 책자에서 “ 하루에 15초를 웃으면 일생을 통하여 이틀을 더 산다.”는 문구가 있다고 한다. 일찍이 의사의 아버지라 불리우는 히포크라테스도 “마음이 가장 훌륭한 의사”라고 말하지 않았던가. 웃음은 긍정적인 사고를 불러오고 체내에 불필요한 잡념과 걱정거리들을 몰아낸다. 또한 면역력을 증강시켜 신체방어 기능을 강화하고 웃는 이에게는 최고의 선물인 건강을 선물하는 것으로 나타나고 있다.

웃음의 효과는 그만큼 길고 오래 가는 것이다. 웃음의 효과는 단순히 스트레스를 해소시켜 주는 정도의 문제가 아니라 이제는 가정이나 직장 비즈니스 협상 등의 차원에서 연구되고 있다. 이는 유머가 단지 인간관계를 좋게 하는 차원이 아니라 행복과 성과창출에 영향을 미치는 것을 말해 준다. 대부분의 정상적인 사람들은 좌뇌와 우뇌 중 어느 한쪽이 더 발달되어 개성을 나타나게 되는데 웃음이 많은 사람들의 경우는 좌뇌와 우뇌가 골고루 발달하여 상호 원만한 기능을 하기 때문에 창의성이 뛰어나고 주변환경에 대한 적응력이 높다는 것이다.

이처럼 유머적인 사람은 대인관계에서 뿐 아니라 학습능력이나 업무처리면에서도 월등히 높은 성과를 나타내는 것으로 인정받고 있다. 특히 21세기는 감성의 시대이며 놀이와 게임 인터넷이 감성적인 욕구를 자극하고 있다.

“하느님 앞에서는 울어라. 그러나 사람들 앞에서는 웃어라” 이는 유태인의 속담이다. 웃음은 병을 치료할 뿐 아니라 때로는 자신의 결점을 무마시키는 효과를 갖기도 한다.

일찍이 당나라의 송청이라는 사람은 웃음 속에는 아홉 가지의 부정적인 요인을 극복하게 해주는 신비한 효염이 있다 하여 이를 구불약(九不藥)이라 불렀다 한다.

첫째는 불신(不信)으로 이는 웃음은 상대방이 나에게 갖는 불신을 없애 준다는 말이다.

둘째는 불안(不安)으로 이는 웃음은 나와 타인의 불안을 없애 준다는 말이다.

셋째는 불앙(不怏)으로 이는 웃음은 원망과 앙심을 없애 준다는 말이다.

넷째는 불구(不勾)로 이는 웃음은 나의 마음이 곧음을 드러내 준다는 의미를 갖는다.

다섯째는 불치(不値)로 웃음은 물건의 값을 속이지 않음을 보여 준다는 뜻이다.

여섯째는 불의(不倚)로 이는 웃음은 나에 대한 거리감을 없애 준다는 의미다.

일곱째는 불충(不衷)으로 이는 웃음은 성의가 없다는 생각을 없애게 해준다는 말이다.

여덟째는 불경(不敬)으로 이는 웃음은 공손하지 않다는 생각을 없애는 역할을 한다는 것이다.

아홉째는 불규(不規)로 이는 웃음은 원칙을 어길 줄 모른다는 의혹을 없애 주는 역할을 한다는 것이다.

"잘 웃는 사람이 선한 사람이다."라고 일찌기 도스토에프스키는 말한 바 있다 .웃는 낯에 침뱉지 못한다는 말도 웃음을 이길 수 있는 것은 없다는 의미를 내포하고 있음을 보여 주는 말이다.

웃음은 단순한 생리적인 반응이 아니라 그 사람의 능력이다. 그러므로 웃음에도 연습과 훈련이 필요하다. 웃기는 놈이 출세한다면 못 웃을 일이 어디 있겠는가. 돈이 드는 일이 아니오 힘이 드는 일도 아닌데, 오히려 웃음이 부와 명예를 가져오는 신비의 마력을 갖고 있다면 주저할 이유가 무엇인가? 웃는 자 위에는 아무도 없다. 웃음이 최후의 승리자임을 말해 주기 때문이다.

결혼 10년 동안 아이를 갖지 못하는 김씨 부인이 유명하다는 산부인과를 찾았다.

"선생님 이제 제발 아이를 가질 수 있게 해주세요"

"밸 수 있습니다."

"어떻게 하면 되지요?"

"이제부터 아벨라를 타고 다니세요"

여러분은 아침에 집을 나설 때 무엇을 찾아나서는가? 스땅딸은 "사람들은 누구나 아침에 집을 나설 때 행복을 찾아나선다."고 말한 바 있다. 어디에서 무슨 일을 하든 궁극적으로는 행복을 찾기 위한 것이라는 사실에는 부인할 수 없다. 행복을 줄 수 없는 일에는 한 발짝도 움직이지 않는 것이 따지고 보면 우리의 심성이다. 일찍이 아리스토텔레스도 "인간의 행동은 그것이 무엇이든 궁극적으로는 행복을 위한 것이다."라고 말하지 않았던가.

바로 그 행복의 열쇠는 여러분의 마음 속에 마련되어 있다. 그것이 웃음이다. 이제 우리는 그 비밀을 꺼내기만 하면 된다 그러기 위해서는 성공하는 사람들, 행복한 사람들이 공통으로 갖고 있는 유머감각을 살려나갈 수 있어야 한다. 누구나가 타고난 테러리스트가 없는 것처럼 처음부터 훌륭한 유머리스트는 없다. 이제부터 자신을 유머리스트로 만들어나가라. 유머있는 사람에게 사람이 모이고 그가 이 감성시대를 리드해 나가는 참 리더가 될 것이다. 멋진 리더는 경직된 조직을 유연한 조직으로 이끌어가며 이성적 논리와 감성적인 감각을 잘 조화시켜나가는 사람이다. 위로는 중역진들과의 원활한 커뮤니케이션과 아래로는 후배들을 감싸고 비전을 제시하며 믿음과 만형같은 리더십을 발휘하는 것이 팀장이 안고 있는 과업이다. 이제까지 팀장에게 요구되던 자질이 여전히 신세대들을 이끌고 조직의 목표달성을 이루어 나가는 데 필요하다고 보는가? 웃음은 보이지 않는 벽을 허물고 서열중심의 커뮤니케이션에 변화를 가져오며 일을 신나고 재미있게 할 수 있는 엔돌핀을 만들어 낸다. 서양에서는 웃음은 뇌에서 뀌는 방귀라고 한다. 조직이 답답하고 여유가 없는 체증이 걸린 상태에서 더 이상의 창의성이나 아이디어가 나오기를 기대할 수 없다. 이제는 웃음의 가치를 인정하고 일터에 웃음경영을 도입할 수 있는 감성마인드가 요구된다.

리더를 위한 웃음의 미션

웃음은 자신감의 상징이다.
웃음은 사랑의 증거다.
웃으면 인정받는다.
웃으면 사람이 모여든다.
웃음은 건강의 상징이다.
웃으면 리더가 된다
웃음은 행복의 표시다.
웃음은 능력이다.
웃음은 비전이다.
웃음은 승자의 이미지다.
웃음은 최고의 유니폼이다.

테러리스트가 되지 마라

한 동물학자가 바늘을 갖고 동물반응 시험을 했다. 고슴도치 새끼에게 바늘을 갖다 대었더니 고슴도치새끼는 이렇게 말했다.

"엄마 왔어?"

한국인이 친절하다고는 하나 상대적으로 웃음을 전달하는 능력이 타민족에게 비하여 뒤져있다는 이야기를 자주 듣는다. 나는 친절한 것과 친절한 이미지를 잘 전달하는 것과는 별개의 문제라고 생각한다.

한국을 자주 방문하는 한 바이어는 한국인의 얼굴이 굳어 있고 딱딱하다는 느낌을 여러 차례 받아왔다. 어느 날인가 인천공항에 내렸을 때도 그가 갖고 있는 한국인의 이미지는 여전했다. 그가 한 말 한마디가 우리들의 굳어 있는 얼굴의 현주소를 말해 준다.

"이봐요 기사분?"

"네, 혹시 불편한 일이라도---?"

"그게 아니고용, 왜 하필 내가 오는 날만 이렇게 한국 사람들은 싸우는 겁니까"

아마 그의 눈에는 뭔가 싸운 사람처럼 비쳐지는 것이 우리들의 일상이었는지 모를 일이다.

70년대 특별한 기술이나 연고없이 무조건 아메리칸 드림을 찾아 미국으로 떠난 교포들, 아는 사람들도 없고 말도 통하지 않고 답답하고 무서운 일이 한두 가지가 아니었을 것이다.

"이곳에 와서 생활하는 데 가장 무서운 일은 무엇입니까?"

"네, 밤에 지나가다 골목에서 흑인 만나는게 무서워요"

"왜죠?"

"얼굴이 어두우니까, 그들이 무슨 생각을 하는지 알 수가 없으니 무섭죠"

이 번에는 미국에 사는 흑인에게 물어봤다.

"당신은 무엇이 제일 무섭습니까?"

"글세용, 아마 낮에 지나가다가 한국 사람만나는 게 제일 무서워요"

웃음은 만병통치약이라는 말이 있다. 웃음 속에는 우리가 알지 못하는 행복과 건강, 비즈니스의 노하우, 인생을 슬기롭게 사는 방법 등이 많이 숨어 있다 하지만 웃지 않고는 누구도 이 신비스러운 마력을 맛볼 수 없다.

당신은 회의시간에 규칙만을 내세우는 원칙주의자인가, 아니면 노래방에 가면 눈치없이 4절까지 부르는 테러리스트인가. 자기자랑만 하다가 왕따당한 적은 없는가. 가정에서는 하루 종일 TV만 바라보는 바보상자의 노예인가. 모임에서는 늘 썰렁한 사람으로 통하는가. 아마 김 팀장 같은 사람은 일만 아는 사람, 즉 테러리스트이다. 이제 그는 진정으로 리더가 될 수 있는 힘, 유머를 갖추어 나가야 한다. 유머는 천 가지의 해를 없애 준다고 세익스피어는 말한 바 있다. 그대가 테러리스트라면 유머를 배워라. 그러면 이미 어디에서나 인기있고 대인관계가 부드러운 팀장으로 변해있을 것이다.

유머야말로 명품인생을 만드는 비결이다. 가정에서나 직장, 모임, 연설, 회의, 업무, 비즈니스, 협상에서 이기는 길은 적절한 유머를 재치있게 구사하여 상대의 마음을 여는 데 있다. 성공하고 싶다면 성공한 사람들을 흉내내 보라는 말이 있다. 나는 그들의 유머 능력을 본받으라고 권하고 싶다.

팀장은 조직내의 다양한 사람을 하나로 묶는 일을 해야 한다. 단순히 일만이 아니라 일과 재미, 신뢰가 넘치는 그러한 일터를 만들어 나가는 것이 중간 허리 역할하는 팀장의 의무가 아닌가. 김 팀장처럼 테러리스트로 왕따당하고 싶지 않다면 웃는 연습, 유머감각을 익혀나가라.

웃는 만큼 오래 산다

"생쥐가 복 날에 술에 취하면?"
"고양이 새끼들 다 덤비라고 그래"
그런데 그 생쥐가 죽어 염라대왕에게 불려갔다
"아니 너는 왜 이리 일찍 왔느냐?"

"글세, 복날에 인간에게 잘못 걸려-----"

"그렇다면 내가 너를 다시 태어나게 해주겠다. 이번에는 무엇으로 태어나기를 원하느냐?"

"제발 식인종으로 태어나게 해주세요"

웃는 사람은 그렇지 않은 사람에 비하여 건강하게 오래 산다는 것이 웃음에 대한 지금까지의 연구결과다.

스탠포드 대학에서 일생동안 웃음과 건강을 연구한 윌리엄 프라이 박사에 의하면 웃음은 인체에 다음과 같은 영향을 미치는 것으로 조사되었다.

뇌졸증의 원인이 되는 순환기계 계통의 질환을 예방하고 신체의 전 기관에 긴장완화의 역할을 한다.

스트레스나 긴장완화로 심장마비를 예방하며 암환자의 통증을 예방한다는 것이다.

이 밖에도 지금까지 밝혀진 웃음의 효과로는 면역력을 높여 주고 혈압을 안정시키며 혈액순환을 촉진시키는 등 신체적 건강뿐 아니라 정신적 건강에도 절대적인 역할을 하는 것으로 나타나고 있다

웃음치료사들에 의하면 자연스럽게 웃는 웃음이나 억지로 웃는 웃음이나 인체에 미치는 효과는 똑같다고 한다. 웃는 데는 특별한 방법이 없다 .그저 자주, 많이, 가능한 한 크게 웃는 것이 웃음의 비결이다.

"웃음은 공포와 염려를 막아주고 몸의 치유능력을 활성화시키는 힘이 있다." 고 웃음연구의 대가인 윌리엄 프라이는 주장한다. 이는 한 개인 차원의 문제가 아니라 조직의 문제를 연구하고 유머경영의 효과를 분석해온 자료들에서도 공통적으로 나타나고 있다.

"웃음은 울음보다는 더 멀리 들린다는 독일 속담이 있다." 자신의 웃음소리를 크게 멀리 보내는 사람이 진정으로 승리하는 사람이다. 성공하는 사람들은 어디에서 무슨 일을 하든 항상 웃음을 잃지 않

는 사람이라는 사실을 기억해 보자.

최근에는 웃음이 다이어트에도 효과가 있다 하여 웃음클럽이나 웃음치료가 인기를 끌고 있다.

"건강은 웃음의 양에 달려있다는 것을 아는 사람은 그리 많지 않다."고 제임스 웰스는 말한 바 있다.

일단 웃어라. 그러면 주변 사람들은 덩달아 웃을 것이다. 웃음이 갖는 최고의 가치는 전염된다는 것이다. 이제 가정과 직장을 전염시킬 수 있는 유머리더가 되어야 한다.

직장에서 마음껏 일하고 놀고 웃을 수 있는 여유와 기업문화가 있다면 누구든지 열정을 다하여 최선을 다할 것이다.

김 팀장은 자신만의 능력이 중요한 것이 아니라 후배사원들이 능력을 발휘할 수 있는 기업문화를 만들어나가는 일에 신경써야 한다. 훌륭하고 끼가 넘치는 사원을 뽑아놓고 선배들의 잣대로 평가하고 자신들이 만들어놓은 시스템에 복종하기를 원한다면 팀장을 버려라. 이제는 그들 스스로 기업문화를 만들 수 있는 기회를 제공하고 권한을 주어야 한다.

웃음만큼 낯설고 어색한 관계를 무너뜨리는 것은 없다. 웃는다는 것은 동의한다는 것이다. 이제는 웃음이 넘치는 일터가 생산성이 높고 누구나 그런 자리에서 일하기를 갈망한다. 조직내에 웃음 바이러스를 퍼트리는 것이 김 팀장의 주된 과업이어야 한다.

리더에게 유머가 필요한 이유는?

☞유머는 약점을 감춰 준다
☞유머있는 사람에겐 적이 없다
☞유머는 위기를 극복하는 힘이 있다
☞유머는 두뇌활동을 촉진한다
☞유머는 어색함을 몰아낸다
☞유머는 스트레스를 죽인다

☞유머는 일을 즐겁게 한다

☞유머는 여유를 준다

☞유머는 협상력을 높인다

☞유머는 분위기를 리드한다

☞유머는 선한 사람으로 만든다

유능한 리더의 유머기술은?

재미나는 일을 상상하며 즐겨라.

매일 거울보고 웃는 연습을 하라.

어린아이의 눈으로 세상을 보라.

유머노트를 만들어라.

하루에 한 번 이상 유머사이트에 접속하라.

타인의 유머에 적극적인 반응을 보여라.

모임이나 회의에 참석할 때는 반드시 유머를 갖고 나가라.

항상 열 가지 이상의 유머를 외워라.

마음 속의 스트레스를 몰아내라.

억지로라도 웃어라.

유머적인 사람에겐 적이 없다는 것을 기억하라.

독서를 게을리하지 마라.

당신의 유머지수를 평가하라

멋진 유머를 구사하고 웃음을 잃지 않기 위해서는 철저한 자기관리가 이루어져야 한다. 진정한 유머실력은 타고나는 것이 아니라 만들어지는 것임을 잊지 말자.

아래 문항을 읽고 스스로 자신의 유머지수를 평가해 보기 바란다.

1. 나는 유머감각을 갖고 있다.

정말 그렇다	그렇다	보통이다	그렇지 않다	전혀 그렇지 않다
5	4	3	2	1

2. 대인관계 업무에 유머가 중요하다고 생각한다.

정말 그렇다	그렇다	보통이다	그렇지 않다	전혀 그렇지 않다
5	4	3	2	1

3. 일과 삶에서 유머의 중요성을 알고 있다.

정말 그렇다	그렇다	보통이다	그렇지 않다	전혀 그렇지 않다
5	4	3	2	1

4. 유머가 나를 행복하게 한다고 생각한다.

정말 그렇다	그렇다	보통이다	그렇지 않다	전혀 그렇지 않다
5	4	3	2	1

5. 개방적인 마인드를 갖고 있다

정말 그렇다	그렇다	보통이다	그렇지 않다	전혀 그렇지 않다
5	4	3	2	1

6. 다른 사람을 즐겁게 하기 위하여 유머를 사용한다.

정말 그렇다	그렇다	보통이다	그렇지 않다	전혀 그렇지 않다
5	4	3	2	1

7. 나는 웃음의 가치를 알고 있다

정말 그렇다	그렇다	보통이다	그렇지 않다	전혀 그렇지 않다
5	4	3	2	1

8. 유머적인 사람과 어울리기를 좋아한다.

정말 그렇다	그렇다	보통이다	그렇지 않다	전혀 그렇지 않다
5	4	3	2	1

9. 정기적으로 유머에 관한 책을 읽고 있다.

정말 그렇다	그렇다	보통이다	그렇지 않다	전혀 그렇지 않다
5	4	3	2	1

10. 항상 긍정적으로 살기 위해 노력한다.

정말 그렇다	그렇다	보통이다	그렇지 않다	전혀 그렇지 않다
5	4	3	2	1

11. 변화에 순응하는 편이다.

정말 그렇다	그렇다	보통이다	그렇지 않다	전혀 그렇지 않다
5	4	3	2	1

12. 코미디 프로를 즐겨보는 편이다.

정말 그렇다	그렇다	보통이다	그렇지 않다	전혀 그렇지 않다
5	4	3	2	1

13. 유머있는 언어를 사용하기 위해 노력한다.

정말 그렇다	그렇다	보통이다	그렇지 않다	전혀 그렇지 않다
5	4	3	2	1

14. 유연한 사고를 하는 편이다.

정말 그렇다	그렇다	보통이다	그렇지 않다	전혀 그렇지 않다
5	4	3	2	1

15. 주변 사람들은 나보고 유머가 있다고 말한다.

정말 그렇다	그렇다	보통이다	그렇지 않다	전혀 그렇지 않다
5	4	3	2	1

16. 다섯 가지 이상의 유머를 구사할 수 있다.

정말 그렇다	그렇다	보통이다	그렇지 않다	전혀 그렇지 않다
5	4	3	2	1

17. 가정이나 직장에서 유머적인 환경을 만들기 위해 노력한다.

정말 그렇다	그렇다	보통이다	그렇지 않다	전혀 그렇지 않다
5	4	3	2	1

18. 웃는 연습을 해본 적이 있다

정말 그렇다	그렇다	보통이다	그렇지 않다	전혀 그렇지 않다
5	4	3	2	1

19. 내 얼굴은 부드럽고 미소가 있다.

정말 그렇다	그렇다	보통이다	그렇지 않다	전혀 그렇지 않다
5	4	3	2	1

20. 유머적인 사고가 업무에 도움이 된다.

정말 그렇다	그렇다	보통이다	그렇지 않다	전혀 그렇지 않다
5	4	3	2	1

21. 유머감각을 높이기 위해 노력하는 편이다.

정말 그렇다	그렇다	보통이다	그렇지 않다	전혀 그렇지 않다
5	4	3	2	1

22. 나의 집안은 웃음이 많은 편이다.

정말 그렇다	그렇다	보통이다	그렇지 않다	전혀 그렇지 않다
5	4	3	2	1

23. 나는 매사에 열정적이다.

정말 그렇다	그렇다	보통이다	그렇지 않다	전혀 그렇지 않다
5	4	3	2	1

24. 나는 스트레스를 쉽게 극복하는 편이다

정말 그렇다	그렇다	보통이다	그렇지 않다	전혀 그렇지 않다
5	4	3	2	1

25. 다른 사람을 칭찬하는 습관을 갖고 있다.

정말 그렇다	그렇다	보통이다	그렇지 않다	전혀 그렇지 않다
5	4	3	2	1

*이상의 내용을 분석하여 평점이 4.0 이상이면 우수한 유머리더, 3.0 이상이면 보통의 유머리더, 2.5 이상이면 노력이 요구되는 유머리더, 2.5이하이면 유머리더로서 자질이 부족한 사람이다.

믿음을 기르는 훈련

믿음은 창조와 파괴의 힘을 동시에 갖고 있다. 우리는 믿는 대로 존재한다. 믿음체계를 바꿈으로써 창조적 인간으로 리더십을 발휘할 수 있다. 그릇된 믿음이 곧 그릇된 인생을 만든다. 진정한 리더는 제한적인 믿음을 바꾸며 확신을 갖는 사람이다.

▶ 믿음을 기르는 다섯 가지 비밀 (Scott Ventrella)

◦ 성공하기 위해서는 목표를 성취할 수 있는 자신의 능력에 대하여 확고한 믿음과 신뢰를 갖는다.

◦ 성공에 필요한 모든 것을 이미 당신이 갖고 있다는 사실을 안다.

◦ 일어날 것이라고 스스로 믿는 일은 일어날 확률이 높아진다는 사실을 깨닫는다.

◦ 기적을 기대하고 경이로움에 대한 희망을 잃지 않는다.

◦ 믿음의 대상이 무엇이든 믿음을 중단하지 않는다.

▶ 믿음이 가져온 성공사례

- 강한 믿음이 성공을 가져온 사례를 발표하고 믿음이 내 인생에 주는 효과에 대하여 토론한다.

1. 믿음이 가져온 성공 사건

____

____

2. 믿음이 준 효과

____

____

리더십 진단

리더십 부재로 인하여 다음 각각에 대하여 나타나는 문제들은 무엇인가요? 일상생활 주변에서 국가, 환경문제에 이르기까지 당신의 평소 리더십 철학을 설명하시오.

⇓

분야	리더십 부재로 인한 문제	리더십 방안
자신		
가정		
사회		
국가		
인류		
교육		
환경		
경제		
직장		
대인관계		

링컨의 이력서

이 사람은 22세에 사업에 실패했다.

23세에 주의회 의원에서 낙선했다.

24세에는 사업에 또 실패하였으며

25세에는 주의회 의원에 당선되어 잠시 기쁨을 누렸으나

26세에는 사랑하는 여인을 잃고 낙심하여

27세에는 신경쇠약과 정신분열증으로 고생하였다.

29세에는 하원의장선거에 낙선의 패배를 맛보아야 했고

31세에는 대통령선거에 출마했다가 낙선했으며

34세에는 국회의원선거에도 낙선하였다.

37세에는 다시 도전하여 국호의원에 당선되었지만

39세에 국회의원선거에서 다시 낙선하였다.

46세에 다시 도전한 상원의원선거에서도 낙선하였고

47세에 도전한 부통령선거에도 낙선의 아픔을 맛봐야 했다.

49세에는 또다시 상원의원선거에서 낙선했다.

드디어 51세에 미합중국의 대통령이 되었다.

그의 이름은 (   )이다.

10단계

리더는 대인관계(PEOPLE TO PEOPLE)가 뛰어난 사람이다

염재주

대인관계(People to People) 높이기

SELF LEADERSHIP

대인관계(People to People) 높이기

훈련개요

성공의 열쇠는 인간관계에 있다. 그들과의 관계를 통해서 성공하든가, 실패하든가 한다. 훌륭한 리더십은 사람을 이끄는 능력이다. 기술, 학력, 지식의 부족으로 실패할 확률은 적다. 모든 것을 다 잘할 수 없는 것이 현실이다. 하지만 인간관계는 리더십을 펼 수 있는 기회이며 리더로 성장할 수 있는 사다리다.

목 적

◦ 인간관계를 터득하는 기술을 익힌다.
◦ 인간관계를 통하여 리더십 향상을 이룬다.

기대효과

◦ 모든 리더십은 결국 사람을 이끄는 능력인데, 원만한 인간관계를 통하여 리더십을 발휘할 수 있는 기회를 창출해 나간다.
◦ 인간관계의 기본인 커뮤니케이션기법 개발과 설득력 향상을 통한 리더십구축에 기여한다.

Warming Up

나는 리더로서 인간관계가 뛰어난가, 또한 설득력은 뛰어난가? 스스로 자문해 보고 다음 질문에 간단히 답해 본다.

1. 나는 인간관계가 뛰어나다.

그 이유는 ______________________________

____

____

2. 나는 대인관계 개선을 위해 노력하는 편이다.

그 이유는 ______________________________

____

____

3. 나는 리더십을 발휘할 만한 설득력을 갖고 있다.

그 이유는 ______________________________

____

____

4. 나는 커뮤니케이션 기술이 뛰어나다.

그 이유는 ______________________________

____

____

5. 성공의 핵심은 인간관계에 달려 있다고 믿는다.

그 이유는 ______________________________

____

____

Service 장애물 뛰어넘기

인간관계는 왜 어려운가. 커뮤니케이션은 왜 힘든가, 이들을 원활하게 할 수 있는 기술은 무엇인가, 장애요인은 무엇인가? 그리고 이를 극복할 수 있는 대안은 무엇인지 제시해 보시오.

⇓

장애요인	대안
①	①
②	②
③	③
④	④
⑤	⑤

다른 사람들의 도와주는 행위는 반드시 자기 자신에게도 도움이 된다. 이는 내가 아는 최고의 거래 가운데 하나다.

\- 에머슨

인간관계를 증진시키는 원칙(1)

원칙1 : 사람은 누구나 귀중한 존재로 인정받고 싶어한다.
원칙2 : 사람은 누구나 자신을 알아주는 사람에게 (   )한다.
원칙3 : 사람은 누구나 자신이 (   )라고 생각한다.

▶ 인간관계가 중요한 이유를 우선순위대로 세 가지만 써보시오.

___

___

___

▶ 인간관계에서 실패한 당신의 사례를 솔직하게 고백해 보시오.

___

___

___

▶ 위의 인간관계에서 실패한 주된 요인은 무엇이며 누구의 잘못이라고 생각합니까?

___

___

___

▶ 인간관계에서 뛰어난 사람의 사례나 혹은 당신의 경우 어떤 일에서 성공적인 인간관계가 바람직한 방향으로 당신을 이끌었는지 이야기해 보시오.

___

___

▶ 인간관계를 향상시킬 수 있는 원칙을 5가지만 중요하다고 생각 되는 대로 써보시오.

▶ 인간관계는 가장 어려운 과제 중의 하나입니다. 결국은 사람간의 문제이니까요. 인간관계가 어려운 이유는 무엇이 있을까요?

▶ 지금 당신이 하고 있는 일, 특히 경제적인 측면에서 가장 중요한 사람을 꼽으라면 누구입니까?

▶ 당신의 성공과 행복은 혼자 힘으로는 이룰 수 없는 일입니다. 반드시 누군가의 도움과 힘을 받아야 합니다. 그들은 누구입니까? 가족이든, 거래처든, 친구든 중요하다고 느끼는 대로 써보시오.

나의 성공, 행복을 돕는 사람	어느 분야 / 왜

▶ 사람을 움직이게 하려면 상대가 바라고 원하는 것을 주는 것이 유일한 방법이다 (Dale Carnegie).

당신은 사람을 움직이는 데 어떤 방법을 중시하는가?

____

____

____

▶ 당신의 Dream Team을 구성하라. JESUS는 12명의 Dream Team을 구성하여 하느님의 말씀을 전할 수 있었다. 당신은 어떻게, 누구를 Dream Team 멤버로 구성할 것인가.

____

____

____

____

인간관계를 증진시키는 원칙(2)

▶ 원칙

- 주변 사람과의 관계가 나의 (　　　)과 (　　　)을 보장한다.
- 비즈니스에서의 사람관계는 중요한 부분이 아니라, 사업 그 자체이다.
- 성공의 (　　　)%는 인간관계이다. 나머지 (　　　)%는 기술, 자질 등 개인적인 능력이다.
- 인간사회에서의 가장 큰 문제는 (　　　)를 해결하고 극복하는 문제이다.
- 나폴레옹 군대를 승리로 이끈 병사

▶ 인간관계를 증진시키는 방법에는 무엇이 있나요?

____

____

____

____

▶ 현재 나의 대인관계 기술은 어느 정도인가? 문제가 있다면 무엇인지 혹은 대인관계에서의 어려운 점은 무엇인가요?

____

____

____

▶ 인간관계 덕분에 성공한 경우, 원하는 일을 쉽게 달성한 경우가 있습니까? 타인의 도움이 당신 인생에 큰 영향을 미친 경우는 어떤 경우이며 누구입니까?

____

____

____

원만한 인간관계를 유지하는 비결

▶ 상황분석

- 지금 당신과 가장 껄끄러운 사람은 누구인가?
- 당신의 삶에 장애가 되고 있다고 느껴지는 사람은 누구인가?
- 원만한 인간관계를 유지하고 싶은 사람은 누구인가?

▶ 원인분석

- 그들과의 관계가 매끄럽지 못한 이유는 무엇인가?

① ______________________________

② ______________________________

③ ______________________________

- 언제부터 경계하며 부정적인 관계가 시작되었는가?

▶ 극복방법

- 그들과의 관계를 친근한 사이로 만들어 나갈 수 있는 방법에는 무엇이 있는가?

____

____

- 그들과의 관계를 정상화시키는 데 도움이 되는 사람이 있다 면 그는 누구인가?

____

▶ 이익추구

- 그들과의 관계가 정상화되었을 경우 나에게 이득이 될 수 있는 것들은 무엇인가?

- 지금 당장 그들에게 이익을 줄 수 있는 방법은 무엇이며, 그것은 나에게 어떠한 효과가 있을까?

▶ 대안탐색

- 그 동안 불편한 관계가 있는 사람들과 어떠한 방법으로 위기를 극복해 왔는가?

- 그들과의 불편한 관계 때문에 나에게 발생하는 유형, 무형의 손실에는 무엇이 있는가?

① 유형적 손실

② 무형적 손실

▶ 원만한 인간관계를 유지하는 원칙을 제시한다면 무엇이 있나요?

①

②

③

④

⑤

⑥

⑦

⑧

⑨

⑩

Service 사람을 설득하는 6가지 법칙

-Robert B. Cialdini-

리더로서 설득하는 방법을 터득하여 대인관계 기술을 향상시키고 설득 리더십을 향상시키는 방법을 터득한다.

⇓

상호성의 법칙	
일관성의 법칙	
사회적 증거의 법칙	
호감의 법칙	
권위의 법칙	
희귀성의 법칙	

Service 답은 사랑이다

▶ 당신이 가장 사랑하는 사람 또는 그 무엇을 우선순위대로 써보시고 이유를 말해 보시오.

▶ 사랑함으로서 당신이 얻을 수 있는 것은 무엇이라고 생각합니까?

정신적/영적	
사회적	
신체적	
경제적	

▶ 당신이 사랑을 실천하는 데 장애물은 무엇이라고 생각합니까? 우선순위대로 써 보시오.

사랑의 리더십 키우기

▶ 사랑을 어떻게 생각하십니까?

- (　　　)은 나눌수록 빛난다.
- (　　　)은 받는 것이 아니라 주는 것이다.
- (　　　)은 명사가 아니라 동사다.
- (　　　)이 없이 갈 수 있는 것은 아무 데도 없다.

▶ 다음의 사랑의 시를 읽고 토론해 봅시다.

운명

- 임붕영

살아있는 동안에
한 단어만 선택하라고 강요받는다면
나는 주저없이 사랑을 말할 것이다
사랑없이 이룰 수 있는 것은
아무것도 없기 때문이다
세상을 떠나가는 날
한 단어만 가지고 오라고 명받는다면
나는 머뭇거리지 않고 사랑을 가지고 갈 것이다
사랑없이 더 이상 갈 수 있는 곳은
아무 곳도 없기 때문이다

사랑은
살아있는 것들의
운명이다

▶ 사랑에 대한 당신의 철학과 느낌을 담은 시를 써보시오.
(내용이나 형식에 얽매이지 말고 당신이 갖는 사랑에 대한 의미를 쓴다.)

용서하는 훈련하기

▶ 원칙 : 당신은 용서하는 마음이 가득합니까? 용서받기를 원하는 만큼 용서하는 훈련을 거듭하십시오. 지금까지 살아오면서 당신에게 정신적으로나 경제적으로 큰 상처를 주고 분노를 안겨준 사람이 있으면 지금 당장 용서하십시오.

> 나는 당신을 용서합니다. 나의 용서를 받아준다면 그 대가로 진정한 감사를 드리고자 합니다.
>
> ____
>
> ____
>
> ____
>
> ____
>
> ____
>
> ____
>
> ____
>
> ____
>
> 나는 당신을 용서하게 되어 기쁩니다.
> 당신께 진심어린 감사를 드립니다.

Service 나의 고객 찾기 훈련

▶ 원칙 : 고객이 없는 사람은 없다.

모두는 고객을 갖고 있으며 또한 누군가의 고객이다.

▶ 고객 이해하기

◦ 인생은 (　　) 게임이다.
◦ 그러므로 인간은 (　　) 동물이다.
◦ 나의 고객은 (　　)를 제외한 모든 사람이다.
◦ 나는 그들을 통하여 (　　)하고 (　　)해 질 수 있다.

▶ 나의 고객찾기

⇒ 나의 고객은 누구인가? 당신 수입에 절대적인 영향을 미치는 고객을 정의해 보시오.

발 표

설득력 개발

당신이 직접 체험하고 받는 교훈이나 혹은 자신만의 기술, 노하우를 활용하여 상대방을 설득하는 훈련을 한다.
2분 동안 설득할 내용을 일목요연하게 발표한다. 제스처를 사용해서 보다 생생하게 감동을 주고 의사를 전달할 수 있는 커뮤니케이션 기법을 활용한다.
커뮤니케이션의 본질은 설득하는 데 있음을 깨달아라. 자신있는 주제를 선택하여 나만의 커뮤니케이션 기법을 선보인다.

설득의 공식

개 요: 발표내용을 요약하여 정리한다.

태 도: 그 내용을 듣고 실천하기를 원하는 바를 설명한다.

가 치: 그렇게 태도를 변화시킴으로써 얻을 수 있는 이익이나 가치를 말한다.

커뮤니케이션 원리

◎ 레포를 형성하라.
……〉 신뢰를 기반으로

◎ 열렬하게 이야기하라.
……〉 자신있고 긍정적으로

◎ 설득하는 데 주력하라.
……〉 가치를 주고받음으로

설득력 개발

설득력 개발

발표계획서

I. 체험한 사건이나 나만의 기술

1) ______________________________

2) ______________________________

3) ______________________________

II. 발표준비사항

1. 발표할 내용

____

____

2. 처음 시작할 첫 문장

____

____

3. 발표내용에서 언급할 핵심적 내용

____

____

4. 태도형성(간결하고 명료하게)

____

____

5. 가치전달(구체적이고 간결하게)

____

____

Communication Model

Who

↓

Say what

↓

In which channel

↓

To whom

↓

With what effect

커뮤니케이션이란 한 개인이 다른 사람들의 행동을 변화시키기 위하여 자극을 보내는 과정이다. 모든 커뮤니케이션 행위는 특정한 사람으로부터 특정한 반응을 유발시키는 것을 목적으로 한다.

- Carl Hovland, David Berlo

유연성 개발

리더는 자신감과 상황에 맞는 적절한 융통성과 유연함을 길러나가야 한다.

어떤 위험이 닥쳐온다 해도 자신있게 능동적으로 대처할 수 있는 능력이 요구되기 때문이다. 아래 문장을 힘차게 외쳐본다. 자신감 개발과 유연성을 발휘하는 데 도움을 준다.

> 나는 세상을 그럭저럭 살아가는 사람들을 알고 있다.
>
> 그들의 인생은 앞으로도 그저 그럴 것이다.
>
> 왜냐고? 내가 그 이유를 말해주겠다.
>
> 그들에게는 열정과 자신감, 그리고 비전이 없기 때문이다.

훌륭한 청취자가 되는 원칙

말을 잘하는 것도 중요하지만 훌륭한 경청자가 됨으로써 설득시킬 수 있으며 상대를 안심시키고 비즈니스 문제를 효과적으로 해결해 나갈 수 있다. 훌륭한 연설가는 훌륭한 청취자가 되는 데서부터 출발한다.

1. 123화법을 주도적으로 활용한다.
2. 귀로 듣지 말고 마음으로 듣도록 노력한다.
3. 경청함으로써 상대방이 신뢰감을 느끼도록 유도한다.
4. 감정이입법을 활용한다.
5. 이해하기 위하여 노력한다.
6. 인내심을 가지고 주의를 집중한다.
7. 레포를 형성한다.
8. 순수한 관심을 보인다.
9. 적절하게 동의한다.
10. 공감대를 형성한다.

경청의 관건은 마음과 귀를 열고 듣는 것이다.

- Stephen Covey

유머 10단계 업그레이드 시키는 방법

☺ 재미나는 일을 상상하며 즐겨라

: 유머는 재미나는 상황 속에 자신을 몰아넣고 웃음지을 수 있는 여유를 갖는 데서 발생한다. 과거의 재미있었던 유머를 기억하고 웃어보는 것도 좋은 습관이다.

☺ 매일 거울보고 웃는 연습을 하라

: 유머는 웃음을 끌어내는 일이다. 그러기 위해서는 나부터 먼저 웃을 수 있는 능력과 표정관리가 중요하다. 매일 거울 앞에서 웃는 연습을 하다 보면 나도 모르는 사이에 저절로 웃는 얼굴을 갖게 된다.

☺ 어린아이의 눈으로 세상을 보라

: 유머는 순수한 마음에서 나온다. 어린이에게서 웃음과 유머를 배워라. 웃음에 관한 한 그들은 어른의 스승이다.

☺ 유머노트를 만들어라

: 재미나는 이야기를 수집하고 이를 나만의 유머로 만들어 나간다. 그리고 남에게서 들은 유머를 노트하여 수시로 읽어보고 더 세련된 상황에 적용해 본다.

☺ 하루에 한 번 이상 유머사이트에 접속하라

: 타고나는 유머리더는 없다. 다만 훌륭한 유머전문가는 학습에 의하여 만들어진다. 유머가 경쟁력인 만큼 꾸준한 학습이 요구된다.

☺ **타인의 유머에 적극적인 반응을 보여라**

: 유머적인 사람과 어울리고 반응하다 보면 나도 모르는 사이에 유머감각이 뛰어나게 된다. 적극적인 관심과 벤치마킹하는 것이 유머리더로 대성하는 길이다.

☺ **모임이나 회의에 참석할 때는 반드시 유머를 갖고 나가라**

: 유머적인 사람이 모임이나 회의를 리드할 수 있다. 그리고 유머적인 사람주변에 항상 사람들이 모여든다. 유머는 자신의 존재가치를 두 배로 높일 수 있는 비결이다.

☺ **항상 열 가지 이상의 유머를 외워라**

: 언제 어느 상황에서도 유용하게 쓸 수 있는 유머 10가지는 필수다. 가능하면 최근의 유머를 외우고 가장 좋은 방법은 스tm로 만들어 사용하는 것이다. 자칫 이미 유행하고 있는 유머는 썰렁함을 줄 수 있음을 명심한다.

☺ **마음 속에 있는 스트레스를 몰아내라**

: 스트레스는 웃음의 적이다. 반대로 유머는 스트레스를 죽이는 킬러다 유머리더에겐 스트레스가 없다는 공통점이 있다.

☺ **억지로라도 웃어라**

: 억지웃음도 인체에 미치는 효과는 동일하다는 것이 입증되고 있다. 당신의 비즈니스에 지금 당장 재미를 추가하라. 그리고 재미를 거래하라.

☺ **유머적인 사람에겐 적이 없다는 것을 기억하라**

: 21세기 리더의 조건은 유머다. 유머는 리더십을 발휘하게 도와주는 핵심역량이며 자신의 실수나 단점을 극복하게 해주 는 힘이 있다. 유머감각이 곧 당신의 차별성을 나타낸다.

☺ 독서를 게을리 하지 마라

: 유머는 순간적인 기지와 순발력이 생명이다. 평소에 다독하는 습관이 유머리더를 만들어 준다. 가능한 한 재미있는 글이나 유머 퀴즈 등을 자주 접한다.

유머지수를 개발하라

첫째는 유머적인 습관(Habit)을 길러나가야 한다.

유머를 존중하고 유머를 사랑하며 유머를 익히는 습관은 유머리더로 성공하는 데 지름길이다. 여기에는 웃는 습관, 인생을 즐기는 습관이 포함된다. 웃음은 능력이 아니라 습관에 불과하다는 말이 있다. 매사를 긍정적으로 바라보는 습관, 즐겁게 일을 받아들이는 습관, 동료들과 원만한 인간관계를 유지하는 습관, 일을 재미있게 하기 위한 노력 등이 모두가 유머적인 리더로 가는 길이다.

유머리더는 많이 웃는 것만으로는 부족하다. 웃음 속에는 인간적이면서 상대방을 배려하는 사랑과 리더십에 뿌리를 두어야 한다. 성공하는 습관, 유머리더로 나아가는 길은 당신이 오늘 무엇을 보고 그것을 어떻게 받아들이는가에 크게 좌우된다.

웃는 습관을 길들여라
웃음이 내일을 열어준다고 생각하라
유머가 경쟁력이라고 생각하라
웃으면서 일하라
유머로 행동하라

당신은 허점 투성이고 잘하는 일보다는 못하는 일이 많으며 항상 부족한 존재다. 하지만 이러한 단점을 슬기롭게 극복하고 당신을 돋보이게 하며 튀어보이게 하는 것이 있으니 그것은 바로 유머감각이다.

유머로 무장하라. 이제는 일터에, 술자리에, 모임에, 회의장에,

거래처에, 놀이터에 갈 때는 당신만을 지켜줄 수 있는 유머를 점검하고 유머로 철저히 무장하라 . 그러면 당신은 따뜻한 사람, 인정이 넘치는 사람, 적이 없는 사람, 선한 사람으로 기억될 것이다.

둘째는 언제나 어디에서든지 써먹을 수 있는(Ubiquitous) 유머 실력을 갖추는 일이다.

어느 정치인이 뇌물수수 혐의로 재판을 받고 있었다.

"이봐요, 당신 뱃속에 뭣이 들어 있기에 국민들은 당신에게서 구린내가 난다고 말하는 게요?"

"재판관님 뱃속에 들어 있는 것과 똑같은 것이 있을 뿐입니다."

"난 절대 뇌물을 먹은 적이 없소, 하늘에 대고 맹세하오."

"도둑이 제 발 저리시나요? 제가 말하는 것은 똥을 말하는 겁니다."

아침형 바람이 한참 불면서 직장인들 사이에서는 아침의 몇 분을 어떻게 활용하느냐가 관건이 되고 있다. 소위 일찍 일어나는 새가 벌래를 잡는다는 논리다. 무작정 따라가다 오히려 낮에 업무능력이 떨어지는 실패하는 사례도 속출하고 있다. 아침형 인간, 과연 바람직한가를 놓고 어느 기업에서 토의가 활발히 진행되고 있었다.

"맹과장은 아침에 일어나면 제일 먼저 무슨 일을 하나요?"

"네, 저는 제일 먼저 30분 정도 조깅부터 합니다. 뭐니뭐니해도 뛰는 것만큼 활력을 주는 것은 없는 것 같아요."

"강대리는?"

"저는 어학 공부를 합니다. 집에서 평소보다 한 시간 일찍 나와 직장 근처 학원을 3개월 째 다니고 있습니다."

"미스 유는?"

"저는 단전호흡을 시작했어요, 하루의 출발이 새로워졌습니다."

자신의 경험과 아침형 인간의 성공사례 등을 놓고 열띤 토의가 벌어지고 있는데 박 과장에게는 이들처럼 아침에 일찍 일어나 뭔가를 시도한다는 것은 도저히 불가능한 일이었다. 드디어 박과장에게 질문이 들어왔다.

"그러면 마지막으로 박과장은 아침에 잠자리에서 일어나면 무슨 일부터 하는지 말해 보세요?"

늦잠꾸러기인 박과장이 잠시 머뭇거리더니 입을 열었다.

"네 저는 일어나자마자 바지부터 입는데요?"

순간 토의장은 웃음바다로 변했고 평소에 늦잠꾸러기인 자신을 구차하게 변명할 것 없이 유머 한 방에 평정하고 말았다.

어느 화장실에 다음과 같은 문구가 있었다. 내용인즉 금연을 권장하는 캠페인인데,

"왜 산에 호랑이가 없는 줄 아십니까?

호랑이가 담배피던 시절,

그 호랑이들은 모두가

폐암으로 죽었다는 전설이 있습니다."

금연이라는 상투적이고 딱딱한 문구보다 얼마나 유머적이고 설득력이 있는 문장인가?

부자가 되는 가장 확실한 방법이라는 주제로 성공학강좌가 열리고 있는 강의실,

"지금부터 부자가 되는 확실한 노하우를 전해드립니다."

한 시간 동안 진행된 강좌에서 별 새로운 것을 얻을 수 없다고 판단한 김 가난씨가 그렇고 그런 강의에 시간만 빼앗겼다고 불평하며 한 마디 던졌다.

"선생님 강좌를 듣고 보니 누구나 다 아는 내용이고 정말 부자가 되는 방법을 배울 수 없군요."

"제 강의가 재미가 없나요? 혹은 제 강의에 무슨 문제라도 있나요? 말씀해 보시지요."

순간 강의실은 얼어붙었고 시선이 불평한 사람에게로 쏟아졌다.

당황한 김 가난씨는 어쩔 줄 몰라하다 한 마디 던졌다.

"네, 확실한 부자는 결혼을 해서 아들을 낳으면 된다는 거죠."

모든 청중들이 웃음을 터트렸고 아슬아슬했던 분위기는 순식간에 사라졌다. "미소는 호의를 전달하는 심부름꾼"이라고 데일 카네기는 말한 바 있다. 빙산을 녹이는 것은 태양만이 아니다. 우리들 마음속에 숨어있는 진실하고 인간적인 웃음, 이것이면 족하다.

이것이 바로 유머의 힘이다. 이것이 유머리더십이다. 이것이 바로 유머있는 사람들의 처신이다. 만약에 위의 사례에서처럼 난처하고 당황한 순간에 유머가 없었다면 얼마나 민망스럽고 어색하며 곤란한 상황을 겪어야 했겠는가? 아마 쥐구멍이라도 들어가고 싶은 심정이었을 것이다. 그러나 재치있는 유머 한마디가 그를 빛나게 하고 돋보이게 하며 당당하게 만들었다. 유머리더는 언제나 어디에서든지 시공을 초월하여 유머의 힘을 이용할 수 있는 이른바 유비쿼터스 유머감각을 익혀야 한다. 유머감각만 제대로 갖춘다면 어떤 위기도 난관도 지혜롭게 극복하고 자신의 존재를 귀하게 들어낼 수 있다. 그러기 위해서는 꾸밈이 없고 솔직한 요소를 찾아내어 유머로 각색하고 내 것으로 만들 수 있는 아이디어가 필요하다. 일상생활 속에서 진실을 찾아라. 누구와 어느 문제로 만나더라도 자연스럽게 나눌 수 있는 유머를 마음속에 담아라. 유머는 쥐구멍으로 들어가야 할 상황에서 당신을 구출하고 빛나게 만들어 줄 것이다.

셋째는 유머는 도덕적인 내용(Moral)을 담아야 한다.

도덕적이지 못한 유머는 오히려 민망함과 어색함을 연출하고 유머를 꺼낸 사람이 오히려 궁지에 몰리는 경우를 보게 된다. 유머의 소재는 인간적이고 만인이 공감할 수 있는 정서를 담아야 한다. 그것이 유머의 생명이다. 누구를 골탕먹이기 위한 방편이라거나 위기를 극복하고 난처한 상황을 벗어나기 위한 방편이 되어서는 안 된다. 그러므로 유머의 소재는 일상생활 속의 진실하고 성실한 태도에서만 나올 수 있다.

우리나라는 정치에 대한 불신이 높고 정치인 스스로가 믿음을 주지 못하는 처신을 하다보니 이를 빗댄 블랙유머들이 곧잘 입에 오르내린다.

"이봐 김 이사, 홍보실의 박 부장을 국회로 보내야겠어."

"왜요, 사장님?"

"내가 그동안 그 친구를 쭉 지켜봤는데, 국회로 가면 일을 잘할 것 같네. 그 친구는 그쪽 체질이야."

"기왕에 그렇게 결정하셨다면 잘 됐군요, 앞으로 로비하는 데는 별 어려움이 없겠어요."

"아니 그게 아니구, 그 사람 거짓말이 수준급이잖아."

어느 정치연구소에서 정치 지망생을 대상으로 정치인이 빨리 되는 길에 관한 강좌가 열렸다.

"자, 그럼 여러분들은 정치가로 변신하는 데 지름길은 무어라고 생각합니까? 각자의 의견을 말해보시오."

"재력이 있어야 합니다."

"줄이 있어야죠. 어디 저 혼자 크는 놈 봤습니까?"

"서울대를 나와야 합니다."

"운동권에서 잔뼈가 굵어야 합니다."

"정치지도자로서의 신망과 믿음을 주어야 합니다."

"다 거짓입니다."

"뭐가 다 거짓이라는 거죠?"

"거짓말이라는 얘기죠."

우리나라 사람들의 입장에서 볼 때는 중국 사람들이 목욕도 잘 안하고 지저분하다는 인상을 갖고 있다. 그래서 중국인의 지저분함을 빗댄 우스개소리도 많다.

한국인과 중국인, 그리고 돼지가 한 방에 들어가서 누구 오래 버티나 인내심을 테스트하기로 했다.

"제일 먼저 나온 것은?"

"물론 한국인이다."

"그럼 두 번째로 나온 것은?"

"---------?"

"그렇다. 돼지다."

어느 시골 한적한 마을에 신부님의 강론이 시작되었는데, 강론 주제는 천당을 확실하게 가는 법이었다.

"천당에 들어가는 가장 확실한 방법은 무어라고 생각하시나요? 여러분들의 믿음을 이야기해 보세요."

"매일 기도해야쥬."

"뭐니뭐니 해도 착해야 겠지유."

"도둑질하면 안데유."

"가나한 사람을 도와야되겠쥬."

그 중의 술기운이 있는 어느 신자가 대답했다.

"뭐 그리 복잡혀, 일단 죽어야지."

넷째는 마음을 열어야(Open) 한다.

마음을 열지 못하면 아무것도 들어가지 못하고 더욱이 아무것도 나올 수 없다. 지금 있는 그대로 살아야 한다. 마음은 나와 세상을 연결하는 통로이나 마음이 닫히면 나는 세상으로부터 고립된다. 유머는 열린 마음에서 나온다. 리더는 머리가 아니라 마음이 열려야 한다. 리더십은 머리에서 흘러나오는 것이 아니라 마음에서 우러나오는 것이다. 마음을 연다는 것은 자신을 잘 다스리는 것을 말한다.

"사람의 모든 기관은 마음에 의해서 좌우된다. 그러므로 세상에서 가장 강한 사람은 자신의 마음을 다스릴 수 있는 사람이다."라고 탈무드는 가르치고 있다. "중요한 것은 눈으로는 볼 수 없다. 중요한 것은 오직 마음으로만 볼 수 있다."고 생떼쥐베리는 말한 바 있다. 또한 슈바이쳐 박사도 "인간의 미래는 인간의 마음 속에 있다."며 마음을 열고 닦을 것을 권하고 있다. 달마대사는 옹졸한 마음의 가난함을 지적한다.

마음이여 알 수 없구나

너그러울 때는 온 세상을 다 받아들이다가도
한번 옹졸해지면 바늘 하나 꽂을 자리 없구나

달마대사가 지적한 대로 우리들의 마음이 열리지 못하면 바늘하나 꽂을 수가 없다. 이러한 마음에서 어떻게 웃음을 기대할 수 있으며 유머를 말할 수 있겠는가? 유머리더가 되고 싶은가, 그러면 마음부터 열어라. 그대는 쓸모없이 머리만 열려 있는지도 모른다. 하지만 마음이 열리지 못하면 그대에게서 어찌 너그러움을, 여유로움을, 인간적임을, 유머를 기대할 수 있겠는가. 마음을 여는 것은 세상을 받아들이는 것을 말한다. 머리가 열린다고 해서 동료의 어려움을 대신하고 이웃을 사랑하지는 못한다. 오직 마음이 열릴 때만 가능한 일이다. 예수도 행복의 근원은 마음에 있음을 외치지 않았던가. 다음은 예수가 2000년 동안 가르쳐온 참된 행복이다(마태복음,5,-3-10).

다섯째는 책을 많이 읽어야(Reading) 한다.

리더는 책을 많이 읽는 사람을 말한다. 그래서 Leader는 Reader를 말한다. 리더는 늘 앞서가는 사람, 누군가를 이끌고 가는 사람, 비전을 제시하고 여러 사람을 통합하고 각기 다른 의견을 갖고 있는 사람을 하나로 묶을 수 있는 사람이다. 유머리더로 성공하기 위한 다섯 번째 조건은 바로 책을 많이 읽는 것이다. 책이든 신문이든 잡지든 그것이 무엇이든 다독해야 한다. 다른 사람의 마음속에 잠들어 있는 잠재능력을 자극하고 무뚝뚝한 사람들의 심금을 울려 웃음을 이끌어 내는 데는 그만한 노하우와 아이디어가 필요하다.

환이는 방학동안에 동화책을 읽지 않고 매일 텔레비전만 보다가 아빠에게 꾸지람을 들었다.

"환아, 그렇게 텔레비전만 보면 어떻게 하니 동화책을 읽어야지. 텔레비전에 나오는 아나운서처럼 말 잘하는 사람이 되고 싶지 않니?"

"응, 난 나중에 커서 아나운서처럼 말 잘하는 사람이 될 거야."

"그럼 어서 동화책을 읽으렴. 아나운서들은 어려서부터 책을 많이 읽은 사람들이란다. 그래서 그렇게 말을 잘하는 게야."

"그래요 아빠, 그럼 뭘 동화책을 읽어? 직접 텔레비전을 보면 되지."

21세기의 부자의 개념은 돈을 많이 갖고 있는 사람이 아니라 아이디어를 많이 갖고 있는 사람이다. 지식정보화 사회에서는 무한 복제가 가능하고 언제든지 응용할 수 있는 참신한 아이디어를 누가 많이 갖고있느냐에 따라 조직이나 개인의 성패가 좌우된다고 볼 수 있다.

유머감각을 길러나가는 길은 다양한 일을 거리를 통하여 정보를 얻고 아이디어를 짜내는 일이다. 읽을거리를 많이 접하는 사람이 참신한 아이디어를 얻을 수 있다. 책만큼 훌륭한 리더는 없다고 한다. 유머리더십을 발휘하기 위해서는 읽는 습관을 생활화하는 것이 바람직하다.

인간은 언어적 동물이다

말만큼 쉬운 것도 없고 말처럼 어려운 것도 없다. 말이 쉬운 것은 입에서 나오기 때문이요, 말이 어려운 것은 말은 곧 혼을 담는 그릇이기 때문이다. 누구나 아무 그릇에나 자신의 혼을 담고 싶어하지 않는다.

1. 말을 잘못하여 어려움을 겪은 경험을 세 가지 이상 적는다.
   1) ______
   2) ______
   3) ______
   4) ______

2. 말을 잘해서 이익을 본 경험을 세 가지 이상 적는다.
   1) ______
   2) ______
   3) ______
   4) ______

3. 다음과 같은 비언어적 요소를 평가한다.(자신에 대하여)
   1) 표 정 ______
   2) 미 소 ______
   3) 옷차림 ______
   4) 태 도 ______
   5) 가벼운 신체접촉 ______
   6) 눈맞춤 ______
   7) 복 장 ______
   8) 악 수 ______

커뮤니케이션 리더십 향상 원칙

1. 좌뇌로 생각하고 우뇌로 말한다.

2. 말의 내용도 중요하지만 말하는 태도에 더 신경쓴다.

3. 설득하는 목표를 분명히 한다.

4. Powerful 커뮤니케이션 기법을 터득한다.

5. 어조와 감정에 주의한다.

6. 2S 1W 원칙을 준수한다.

7. 전문용어는 피하고 표준어를 사용한다.

8. 밝고 적극적인 태도로 말한다.

9. 입으로 말하지 말고 마음으로 말한다.

10. 부족하지 않게 지나치지 않게 대응력을 키워나간다.

MEMO

참고문헌 및 리더십권장도서

Anthony Robbins, Awaken the giant within, Simon & Schuster, 1991.

George Manning, Kent Curtis, The Art of Leadership, Mcgraw-Hill Companies, Inc, 2003.

Jon P. Howell, Dan L. Costley, Understanding Behaviors for Effective Leadership, Prentice-Hall, Inc., 2001.

Joseph A. Devito, Human communication. Addison-Wesley, Educational Publishers Inc. 2000.

Karen Leland, Keith Bailey, Customer Service for Dummies 2nd, IDG Books worldwide, Inc. 1999.

Karen P. Goncalves, Service Marketing, Prentice-Hall International, Inc. 1998.

Lucus, Customer Service, Irwin Mirrow press, 1996.

Paul R. Timm, Customer service, Prentice-Hall, Inc., 1998.

Richard L. Daft, The Leadership experience 2nd. Harcourt college publishers, 2001.

Richard L. Hughes, Robert C. Ginnett, Gordon J. Curphy, Leadership, Mcgraw-Hill Irwin, 2002.

Robert N. Lussier, Christopher F. Achua, Leadership, South-Western College publishig, 2001.

Roy M. Berko, Andrew D. Wolvin, Darlyn R. Wolvin, Communicating, Houghton Miffin Company, 1998.

Stephen R. Covey, Principle centered Leadership, Franklin Covey co. 1991.

Stephen R. Covey, The 7 habits of highly effective people, Simon & Schuster, 1989.

Suzanne Osborn, Michael T. Motley, Improving Communication, Houghton Miffin, 1999.

Valarie A. Zeithaml, Mary Jo Bitner, Service Marketing, Mcgraw-Hill Book co, 1996.

Afsaneh Nahavanol(백기복 외 옮김), 「리더십. 과학인가 예술인가」, 선학사, 2000.

Blane Lee(장성민 옮김), 「지도력의 원칙」, 김영사, 2001.

Dale Carnegie(최염순 옮김), 「카네기 인간관계론」, 카네기 연구소, 2002.

Daniel goleman, Richard Boyatiz, Annie Mckee(장석훈 옮김), 「감성의 리더십」, 청림출판, 2003.

Elizabeth O'Leary(러닝솔류션 옮김), 「리더십」, (주)피어슨 에듀케이션 코리아, 2002.

Henry Mintzberg 외(현대경제연구원 옮김), 「리더십」, 21세기 북스, 2002.

James M. Kouzes, Barry Z. Posner(송경근 외 옮김), 「리더십 불변의 법칙」, 한・언, 2000.

Janelle Barlow, Claus Moller(김경미 외 옮김), 「불평하는 고객이 초인류기업을 만든다」, 세종서적, 1999.

John P. Kotter(신태균 옮김), 「변화의 리더십」, 21세기 북스, 2003.

Kevin Hogan(안은표 옮김), 「파워풀 커뮤니케이션」, 시아출판사, 2002.

Leonard L. Berry(은종학 옮김), 「초일류 서비스기업의 조건」, 김앤김 북스, 2001.

Paul Taffinder(신현승 옮김), 「리더십 훈련」, 넥세스 Books, 2002.

Peter G. Northouse(김남현 외 지음), 「리더십」, 경문사, 2001.
Russel Webster(김형신 옮김), 「NLP커뮤니케이션 1시간에 업그레이드 하기」, 도서출판 시큐시, 2001.
Sturt Levin, Michael A. Crom(최염순 옮김), 「카네기 리더십」, 카네기 연구소, 2001.
Werner J. Servin, James W. Tankad(장형익, 김홍규 옮김), 「커뮤니케이션개론」, 도서출판 나남, 1988.
김양호, 「성공하는 사람은 화술이 다르다.」, 한림원, 2001.
다니구치 아사카즈(나상억 옮김), 「프레젠테이션의 성공법칙」, 일빛, 2002.
박경록, 「E-리더십 박사.com」, 을지문덕, 2001.
백기복, 「이슈리더십」, 창민사, 2001.
신응섭 외, 「리더십의 이론과 실제」, 학지사, 2002.
윌터도일 스테플스(김원우 옮김), 「Thing like a winner」, 느낌이 있는 나무, 2002.
이은찬, 「리더십 깨우기」, 도어출판, 2002.
임붕영, 「서비스 바이러스」, 도서출판 무한, 2002.
임붕영, 「서비스 쿠데타」, 형설출판사, 2002.
임붕영,우리는 웃기는 리더를 존중한다, 다산북스, 2005
조성종, 「서비스 지향적 리더십과 인간관계」, 도서출판 두남, 2002.
차범근, 「커뮤니케이션학 개론(上)」, 세영사, 1990.
홍기선, 「커뮤니케이션론」, 도서출판 나남, 1986.
Brian Tracy(홍상화 옮김), 성취심리, 씨앗을 뿌리는 사람, 2003.
Brian Tracy(김동수, 이성엽옮김), 빅토리, 21세기북스. 2004
Anthony Robbins(이우성 옮김), 무한능력, 시공아카데미, 1999.
Scott Ventrella(이성욱 옮김), 일하는 사람들의 적극적 사고방식, 세종서적, 2003.

Dete Cohen(서민아 옮김), 습관을 깨뜨려라, 학원사, 2002.

Walter Dayle Staples(김원우 옮김), 승자처럼 생각하라, 느낌이 있는 나무, 2002.

Toshlkazu Watanabel/Mitsunori Miyake(강신일 옮김), 퍼포먼스 리더십, SIGMAINSIGHT, 2002.

John C. Maxwell(강준민 옮김), 리더십의 원칙, 비전과 리더십, 2002.

Robert B. Cialdini(이현우 옮김), 설득의 심리학, 21세기 북스, 2002.

Stephen Graves,Thomas Addington(정성묵옮김), 최고의 리더 예수의 영향을 배워라, 예문, 2003.

헤이컨설팅그룹, 퍼퍼먼스 리더십, SIGMAINSIGHT, 2003.